鈴木成一デザイン室

イースト・プレス

手に取られる物を作る——まえがき

本の装丁を始めて間もなく30年になります。

この本では、初期に手掛けたものから最近のものまで、約150冊をランダムに振り返りながら、制作の舞台裏やデザインについて思うこと、日ごろ言いたくても言えないストレス（笑）などについて、お話ししていこうと思います。

改めて自分が手掛けた装丁を見て思うのは、だんだんレベルが上がって上手にできるようになったかと言えばそんなことはなく——多少世渡りはうまくなっている気はしますが——今でも出来上がるまでは本当のところどうなるかわからないし、出来上がってもそれでいいのか、と少なからず不安で、プレッシャーとストレスはいつでもついてまわります。

その著者の人生の、「全部」とは言わないまでも、その一部——ある時期の思想なり、考えなりが「売り物」として世に出ようとしているのを引き受けるわけです。場合によっては、原稿が出来上がるまで何年もかかっている。最後の最後に妙な姿になったのでは誠に申し訳ない……。責任重大です。

編集者に対しても、数多くいるデザイナーの中から、わざわざ私を選んで頼みに来てくださっているわけで、その期待に応えたい。

特に構想がまだ頭の中にあるとき——何も形になっていない状態のときは、不確定なことばかりで、心穏やかではいられません。そういう状態にあるものを10冊も抱えていたりすると、もうこれは憂鬱以外の何ものでもないわけです(笑)。

締切と割り切ること

そういうプレッシャーは常にありつつ、一方で適当でもあります。どんな結果になろうとも、「こんなもんだ」とどこかで割り切っている。ある程度無責任でなければこの仕事はやり続けられません。

若い頃自分もそうだったからわかりますが、一個一個の仕事を「作品」と捉えて、完璧に仕上げようとする。そうするといろんな軋轢を呼び寄せてしまいます。この時点ではここまでしかできないと潔くあきらめる。仕事として頼まれている以上、締切が来れば手放す。とは言っても、単に「締切が来たから」と言ってすぐに止めるわけではなくて、「もうちょっとなんとかならないか」と食い下がることも多々ありますが……。

あくまで仕事として、「これをいついつまでに作ってくれ」と言われて請け負う。そしてせっせと作る――それだけです。町工場みたいなもので、決して「作品」を作っているわけではなく、大量生産の商品の一端を担っているという意識のほうが強いように思います。

装丁という仕事

ですから私の場合、進んでやらせてもらうのではなく、「頼まれて」「引き受ける」ことが大前提です。頼まれるからやるんです。「やりたい」のではなく、「やらねば」という感覚です。

もうひとつ私にとって重要なことは、原稿がなければ始まらない、ということです。当たり前ですが……。当たり前なようでいて、これは意外に大きい。

あくまで何かを表現しようとしている人に対して手を貸す、というスタンス。ボールを蹴ろうとしている人に対して、より遠くまで飛ぶようお手伝いするだけ。ボールがそこになければ仕様がない。常に他人事《たにんごと》に一生懸命になっている感じです。

装丁というものは、ストレートに褒められることはほとんどありません。仮に「装丁がいい」と褒められたとしても、素直には喜べない。なぜならその装丁の根拠は、あくまでその本の内容にあるわけで、装丁そのものは内容とともにしかありえない。だからどこか面映ゆい。

「装丁がいいから読んでみたけど面白くなかった、装丁に騙された！」となったら、それは装丁がいいのではなく、むしろ装丁が悪い（笑）。

理想としては、「装丁がいい」なんてことに気づかれずに手に取られて売れていくことです。その本が、すでに最初からそうであったかのような顔をしているのが理想ではないでしょうか。

出会いがしらの「発見」

売れた本は、装丁もよく見えてきます。不思議なことに。１００万部も売れると、編集者は完全に目が狂ってきます。その装丁を色眼鏡で見るようになる。金に目が眩む、みたいな感じでしょうか。

で、どうなるかと言うと、「あれをまたやってくれ」と依頼される。「あれ」って真似のことなんだとは察しますし、編集者の気持ちもわからないではない。

ただ、装丁にとって大切なのは、書店で「出会いがしらの発見」が起こることです。自分も若い頃、「こんなことがあるのか！」という装丁に出会ってよく驚いていたので――例えば菊地信義さん装丁による山田詠美『ジェシーの背骨』とか衝撃的でしたが――そういう見たことない何物かに出会ったときの「驚き」こそ目指すべきではないでしょうか。何かの真似ではそれは起こらないんです。

そのために、イラストレーターやアーティスト、写真家など、いろんな方々の才能をお借りするわけですが、私自身もまた驚きたいため、新たな才能を探して、いろんな展覧会にできるだけ足を運ぶようにしています。やはり、実際に「見る」とメディアを介して「見る」とではまるで違う。「発見」「驚き」はパソコンの前ではなかなか起こらない。

そうして個展で見た作品を装丁に使うのは、そのときの「発見」や「驚き」こそを借りているんだと思います。

20代から30代へ——パソコンの衝撃

あくまで他人事として関わって、仮にそれが評価されても素直に喜べない。失敗とまではいかないまでも、それが正しかったのかという憂鬱、憂いている場合じゃない重なる締め切り。編集や著者からのダメ出し、ときには喧嘩にもなる。本当はこうしたかったのに、コストや時間などの理由から妥協せざるを得ない。

でもうまくいけば、うれしい。つまり、本が出来上がり、編集も喜んでいる。自分でも及第点を与えられる。さらにその本が売れている、となればなによりです。

しかしながら、うまくいくかどうかは本当に毎回やってみないとわからない。とりあえず、画家なりイラストレーターなりに発注してみてはいるけれども、自分の想像どおりのものが上がってくるかどうかわからない。常にでたとこ勝負です。

どの段階で「いけそうかな」という確信が得られるかと言えば、パソコン上で、大きくしたり、小さくしたり、切り抜いてみたり、いろいろ操作しているうちにだんだん……という感じですが、駆け出しの頃は、いつまで経ってもその確信が得られなくて、最後まで不安なままでした。

経験不足だった、ということも勿論ありますが、もうひとつ大きな理由は、やはりパソコンがなかったからだと思います。正確なシミュレーションのすべがなかったということです。

当時は版下《はんした》という、印刷指定用の台紙（白のボール紙）に、文字や図を貼り込んだり、イラストや写真の大きさや位置を示すガイドラインを書き込んだり、とにかく手で切ったり貼ったりして作った指定紙で入稿する（印刷所に渡す）という、パソコンと比べれば恐ろしく手間のかかるシステムでした。そして印刷所に色校として形にしてもらう。

毎回雲をつかむような感覚で、色校が出てもしっくりこなくて、3回も4回もやり直したことも多々ありました。遅れるわ、金はかかるわ、版元からすれば大迷惑ですね。

版下からパソコンになり始めたのは、私が27、28歳の頃で、最初はぜんぜん使いものになりませんでしたが、30歳くらいから――92、93年が変わり目だったと思いますが――扱える容量も徐々に増え、戦力となっていきます。

それまでの勘がほとんどであるような試行錯誤が、画面上でいくらでもやり直しができて、頭の中のもやもやしていたものが明確になるわけです。それは何より仕事としての確証、自信に繋がりました。

手の実感が「物」の魅力を生む

本は、ポスターのように遠くから眺めるものでもなく、スマホやタブレットで眺めるデジタルのデータでもなく、あくまでリアルな物です。それをデザインする際も、パソコンは大いに活用しますが、まず何より優先したいのは「物」としての「驚き」や「感動」です。それには人の手による実感が何より大切です。

パソコンを使って作るようになっても、最終的には「本」という物体――手に取られる「物」を作るということに変わりはありません。「物」としての存在感や、手に取ったときの迫力、ゾクゾクする感じ、物理的な感触が重要なわけです。

版下の時代は、単純に水平垂直を出すにも、意識的にそうしないと曲がってしまうような環境下です。そこでは文字のひとつひとつ、罫の一本一本から始まって、用紙の選択、印刷再現……見えるものすべてにこだわっていた気がします。ローテクであるがゆえの、物と向き合う時間の親密さといいますか……。

それは平面的なものの組み合わせから始まって、あたかもひとつの人格にも似た立体物として、あるいは人間の外側にあって自立する「精神のかたち」として、本をそのように成り立たせるための努力と言ってもいい。そういう執着が「見せるべき何か」

となり、魅力的な「物」に行き着くのだと思います。
その不自由でおぼつかない手探りの時代が、「本」が「物」として、存在させることのかけがえのなさを教えてくれていたのも事実です。否、そういう時代だからこそかけがえのない「物」を必死に作ろうとしていたのではないでしょうか。それはパソコンでシミュレーションをするようになった、今だからわかることなのかもしれません。

そういう「本という物」の魅力をめぐって、いかに考え、何に腐心してきたか、具体的にお話ししていこうと思います。

デザイン室／目次

手に取られる物を作る——まえがき 1
ヴォイド・シェイパ 17
ブラッド・スクーパ 19
スカル・ブレーカ 19
歌うクジラ 上 21
歌うクジラ 下 23
いねむり先生 25
マボロシの鳥 28
遊星ハグルマ装置 32
コロヨシ!! 35
ひそやかな花園 37
今日もごちそうさまでした 41
ロッカー 44
この女 47
いたこニーチェ 49
曾根崎心中 51
イカと醤油 53
——装画について 54
トライアウト 57
赤ヘル1975 59
二人静 61
魔法使いクラブ 63
オキシペタルムの庭 65
東京観光 67
神田川デイズ 70

72 CROSSED カッシアの物語2
73 MATCHED カッシアの物語
74 盤上に散る
75 盤上のアルファ
77 クローバー
79 ばななブレイク
82 自分へのごほうび
85 憂鬱でなければ、仕事じゃない
85 すこやかな生き方のすすめ
87 哲学の白然
87 競争力
89 安部公房とわたし
91 野蛮人の図書室
93 時事ネタ嫌い
97 すべての男は消耗品である。Vol. 6
98 ハバナ・モード
99 置き去りにされる人びと
99 すぐそこにある希望
99 すべての男は消耗品である。Vol. 10
100 逃げる中高年、欲望のない若者たち
100 櫻の樹の下には瓦礫が埋まっている。
102 空白の五マイル
104 雪男は向こうからやって来た
104 アグルーカの行方
107 ゴーマニズム宣言SPECIAL 国防論
109 ゴーマニズム宣言SPECIAL 天皇論
109 新ゴーマニズム宣言SPECIAL 沖縄論
110 ゴーマニズム宣言RISING ニセモノ政治家の見分け方
113 多重人格探偵サイコ Vol. 13
114 多重人格探偵サイコ Vol. 1
114 多重人格探偵サイコ Vol. 2
114 多重人格探偵サイコ Vol. 5
114 多重人格探偵サイコ Vol. 6
114 多重人格探偵サイコ Vol. 7
114 多重人格探偵サイコ Vol. 8
114 多重人格探偵サイコ Vol. 12

多重人格探偵サイコ Vol.15　114
多重人格探偵サイコ Vol.17　114
中学生までに読んでおきたい日本文学④お金物語　117
中学生までに読んでおきたい日本文学⑨食べる話　117
中学生までに読んでおきたい日本文学③おかしい話　117
中学生までに読んでおきたい日本文学①悪人の物語　117
中学生までに読んでおきたい哲学⑧はじける知恵　118
中学生までに読んでおきたい哲学③うその楽しみ　118
中学生までに読んでおきたい哲学④おろか者たち　118
中学生までに読んでおきたい哲学⑥死をみつめて　118
小学生までに読んでおきたい文学④たたかう話　119
小学生までに読んでおきたい文学⑥すごい話　119
芸術闘争論　121
強く生きる言葉　124
今日の芸術　125
岡本太郎の宇宙1 対極と爆発　125
アー・ユー・ハッピー?　128
求めない　133
女ぎらい　135
スカートの下の劇場　137
重層的な非決定へ　139
形式の法則　142
社会は絶えず夢を見ている　145
言語と精神　148
象徴作用 他　148
ピエール・リヴィエールの犯罪　149
空白を満たしなさい　151
リトル・ピープルの時代　153
暇と退屈の倫理学　155
逮捕されるまで　158
家族喰い　161
完全自殺マニュアル　163
自殺　166
アル中病棟　169
ファミリー・シークレット　171
東京小説　173

――畠山直哉さんと筑波大学 174
気仙川 177
――鴻上尚史さんと第三舞台 178
ピルグリム 181
ビー・ヒア・ナウ 181
スナフキンの手紙 181
ものがたり降る夜 181
のはなし 183
のはなしに 184
のはなしさん 184
のはなしし 184
逃避めし 186
昼のセント酒 189
ちゃっかり温泉 190
ふらっと朝湯酒 190
日日是好日 192
現実入門 195
桐島、部活やめるってよ 197
少女は卒業しない 198
NEW TEXT 199
アンダスタンド・メイビー 上 199
アンダスタンド・メイビー 下 199
星やどりの声 201
すべてがFになる 203
冷たい密室と博士たち 203
笑わない数学者 203
詩的私的ジャック 203
封印再度 203
幻惑の死と使途 204
夏のレプリカ 204
今はもうない 204
数奇にして模型 204
有限と微小のパン 204

女王の百年密室 207
迷宮百年の睡魔 208
赤目姫の潮解 208
傷痕 210
ユリゴコロ 213
火口のふたり 215
去年の冬、きみと別れ 217
ホワイト・ガーデンの幽鬼 219
オルタード・カーボン 221
ヴァンパイア 223
マダム・エドワルダ 225
阿片 225
怖るべき子供たち 225
人工楽園 225
変身 226
ある流刑地の話 226
審判 227
山師トマ 227
ランボオの手紙 227
マルドロールの歌 227
無花果の森 229
TYOゴシック 233
夢違 237
ほかに誰がいる 240
花言葉をさがして 243
不浄の血 246
カテリーナの旅支度 249
駅舎にて 251
あの日、僕は旅に出た 253
〈ひと〉の現象学 256
幻年時代 259

あとがき 260

鈴木成一デザイン室

ヴォイド・シェイパ 他

『スカイ・クロラ』シリーズに続く森博嗣さんの新シリーズで、侍バージョンと言ったところでしょうか。物心つく頃から師と仰ぎ、山中で生活を共にしてきた老剣士との死別から物語は始まります。師の遺言どおり、主人公ゼンは刀ひとつを携え、武者修行のため山を下りるのですが、それは、人とは何か、生とは、死とは何かをめぐる旅でもあるわけです。このシリーズ第1作はVoid（無）をshaper（形づくる人）という武士道がテーマになっています。

装丁は、原稿にあたっている当初から日本刀をイメージしていました。鍛えられた金属の、静謐な緊張感と秘められた強度のようなものをビジュアルとして提示しようと思い、物語の起点となる山の稜線を、日本刀の刃文（刃の表面に波打つ模様）になぞらえてみました。言わないと伝わりづらいかもしれませんが……。

果てしなくて幽玄な感じを出すため、『スカイ・クロラ』同様、前後の見返しを全部

森 博嗣
『ヴォイド・シェイパ』
中央公論新社
2011.4 / ¥1800
表紙写真—SHINICHI SASAKI / SEBUN PHOTO / amanaimages

『スカイ・クロラ』

ヴォイド・シェイパ

人は無だ。
なにもかもない。
ないものばかりが、自分を取り囲む。

森 博嗣 The Void Shaper MORI Hiroshi

使い、広大な山の連なりで表現しています（☛）。

カバーにあたる半透明のビニールは、これも『スカイ・クロラ』と同じ素材を使っています。ここでは「真理の見えにくさ」を表現するため、マットな質感の、ややザラツキのあるほうを表に出しています（『スカイ・クロラ』の場合は、逆に光沢のあるツルツルのほうを表にして、コックピットのシールドをイメージしていました）。これによって表紙の画像はこの半透明のカバー越しに、少し霞んだような効果になっています。

タイトルは帯に銀の箔押し。潔く、幅広の帯に余白を大きく取って入れました。冷ややかで鋭利な刀のイメージです。

2作目の『ブラッド・スクーパ』（血をすくう人）は「竹」がモチーフのため、装丁も竹林に。3作目『スカル・ブレーカ』（頭蓋骨を割る人）は血の赤と紅葉が象徴的だったので、紅葉です。次はどんなタイトルと内容になるのか……。

ブラッド・
スクーパ
痛さは遠く。ただ、血の香り。
聞け、天空の調べ。届け、無言の波濤。
生も死もない。己も敵もない。
森 博嗣
The Blood Scooper MORI Hiroshi

森 博嗣
『ブラッド・スクーパ』
2012. 4 / ¥1800
表紙写真—KAZUO OGAWA /
orion / amanaimages

スカル・
ブレーカ
誰より強くあっても、すべてを知っていても、
死ねば消えてしまう。
それなのに、何故求めるのか。
森 博嗣
The Skull Breaker MORI Hiroshi

森 博嗣
『スカル・ブレーカ』
2013. 4 / ¥1800
表紙写真—imagewerksRF &
Paylessimages,Inc / amanaimages

歌うクジラ

舞台は、階級によって分断された近未来の日本。主人公の少年が、父に託された使命を果たすべく、日本の「中枢」を目指して旅するのですが、その途中、様々な場面で歪に変容した人々の生と死を目撃していきます。グロテスクなまでの生命への執着が物語を通底していて、黙示録的に語られるクジラの歌とともに、その湧いてくるような生命力をビジュアルで表現したい、というのが最初の発想です。

それで、少し前にアートフェスティバルＳＩＣＦ（スパイラル・インディペンデント・クリエーターズ・フェスティバル）で見た、青木美歌さんというガラス作家のオブジェを使わせていただきました。硬質でありながら、繊細で有機的なガラス細工が、まさに人々の絶え間ない欲望や生命力、小説の未来的世界観を表現するのにぴったりでした。

まずこのガラス作品を撮影し、表紙の全面に印刷します。

そこにクジラのシルエットを刷った透明のカバーを巻き、クジラを透かして、表紙のオブジェが見える、という構造になっています。シンボリックな表層であるクジラ

村上 龍
『歌うクジラ』
講談社
2010. 10／各¥1600
カバー装画―柳 智之
表紙オブジェ―青木美歌
表紙撮影―髙橋和海

歌うクジラ

上

村上龍

22世紀の『オイディプス王』『神曲』『夜の果てへの旅』を書きたかった。村上 龍

それは、絶望か、希望か。

iPad版で先行販売

講談社

歌うクジラ
上
村上龍
講談社

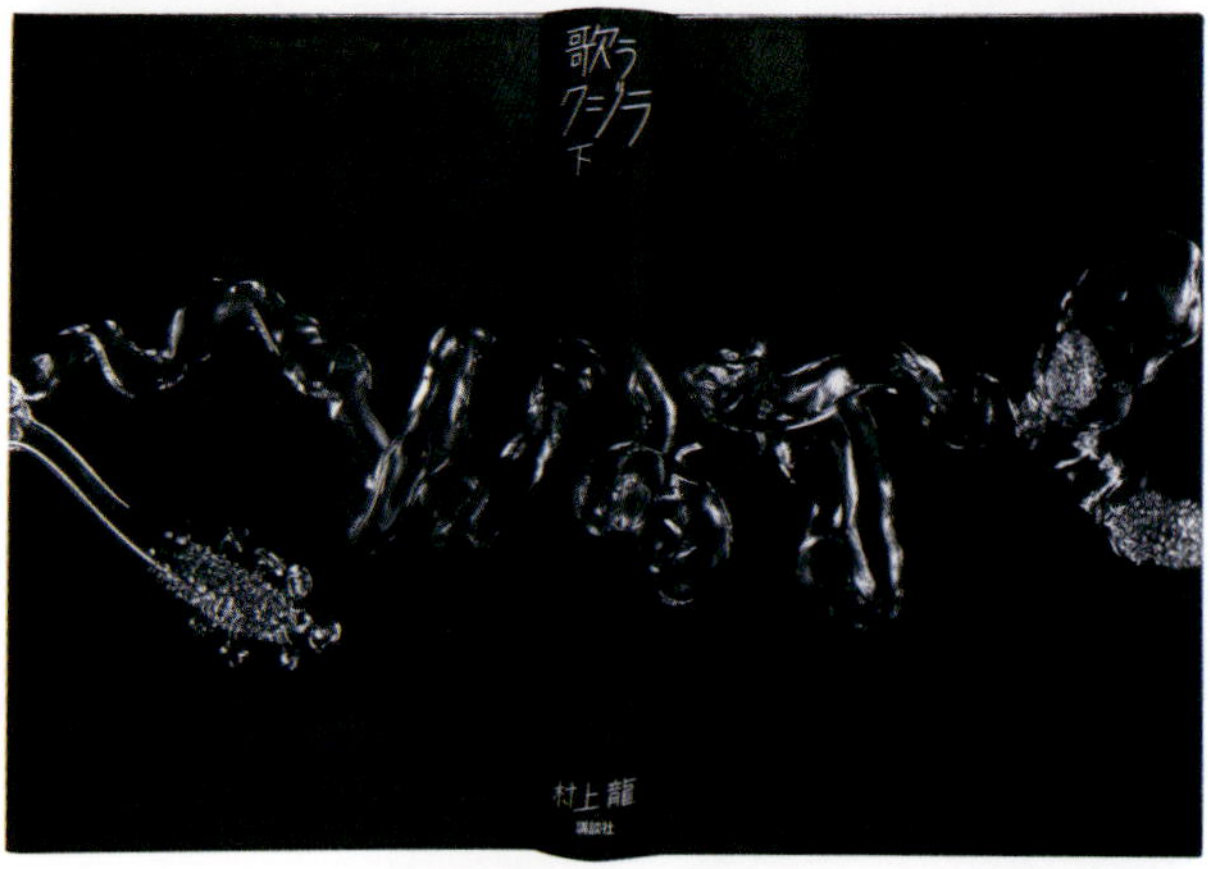
歌うクジラ
下
村上龍
講談社

歌うクジラ
村上龍
講談社
歌うクジラ
下
村上龍

と、内部に蠢く生命を同時に表現しようというわけです。

透明カバーの印刷は裏面から行っていて、青は普通に一回だけ刷ると、表紙の黒が透けて黒っぽくなってしまいます。そこで青を刷った上に白を3回重ねて刷ることで青をきれいに発色させています。3度白を重ねる理由は表紙からの影響を完全にシャットアウトするためです。

このとき使用するインクは「UVインク」という、紫外線《Ultra Violet》を当てて瞬間的に乾かす特殊なものです。カバーが透明のプラスチックであるため、普通のインク（オフセットのもの）だと乾きにくく、制作工程上の理由により選択しています。

UVインクも高いわけですが、この透明カバー自体もすごく高価で、このカバーの1枚と、本文（約400ページ分）の値段がほぼ同じだそうです……。

というわけで上下巻それぞれ5色（白3回と、青とスミ）のUVインクでの印刷、クジラのイラスト代、オブジェの使用料、撮影費と、出版社としてはやってほしくないことを全部やってしまいました。すみません……という感じです。そのため、非常に贅沢な本になりました。

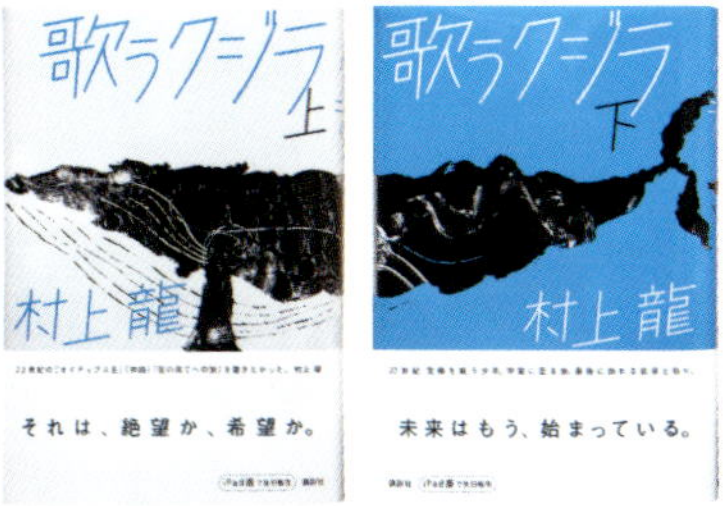

いねむり先生

伊集院静氏の自伝小説です。女優の妻に先立たれ、半ば厭世的に酒とギャンブルにのめり込んでいた小説家の主人公が、人づてに紹介されたある人物にだんだん魅了されていき、彼との交流を通して、荒んだ心が次第に癒やされていくという物語で、ある人物とは晩年の色川武大氏のことです。タイトルの「いねむり先生」とは、色川氏がところ構わず急に眠ってしまう難病「ナルコレプシー」を患っていたことから採られています。

装丁は当初、「これを装画に使ってほしい」という著者のリクエストがあって、それは著者が自宅に飾っているという銅版画なのですが、恰幅のいい初老の男性がベンチでうたた寝をしている、まさに色川氏を彷彿させる作品でした。

著者の希望に納得し、これを用いてカバーのダミーを作成したのですが、結局不採用、何かしら違和感があったのだと思われます。というわけで方針を変え、「文字だけでやりましょう」となった結果がこちらです。

伊集院静
『いねむり先生』
集英社
2011.4／¥1600

いねむり先生
妻の死後、
ボロボロになっていたボクに先生は言った。
「大丈夫。もう大丈夫だよ」
作家にしてギャンブルの神様、
色川武大と過ごした温かな日々——
伊集院 静
著者自伝的長編小説の最高傑作!
集英社 定価1680円 本体1600円

文字だけでいかにして「いねむり先生」＝色川武大という存在を表現したらいいのか……悩んだ挙句に考え出したのが、和紙のようなムラのある半透明用紙への表裏加工です。

表からは普通にタイトルを金で箔押し。そして裏からは、表のタイトルをぼかしたものを、表の文字に正確に重なるように濃い茶色の逆版で印刷します。これによって、表から見ると、箔押し文字のシャープな金の周囲に、裏側に刷られた茶色がぼかした分だけ、ぼんやり滲んだ縁が付いたように見えます。輝きながらまどろんでいるような、徐々に霞んでいく虚ろな意識を表現しました。

表紙も濃い茶色にすることで、カバーの和紙っぽいムラが際立つのと、タイトルの金との統一感を図っています。

カバーで活かされなかった銅版画は、あまりにもったいないので表紙に入れさせていただきました（☛）。

☛

マボロシの鳥

太田光さん（爆笑問題）の本はこれまで何冊もやっているんですが、これは初の小説ということもあって、初めてご本人から直接「こういう感じで……」というイメージラフをいただきました（☛）。

「ナイフ」と「鞘」の絵に、冒険小説風のタイトルというリクエストでしたので、まず編集者にナイフの写真をたくさん集めてもらって、太田さんの意見も聞きながら具体的にそのイメージを詰めていきます。

太田さんのメモには「油絵っぽくてもいいかと思う」とありましたが、小説の世界観に対し絵が語りすぎてしまうんじゃないかと思い、なるべく絵そのものの情感や個性は排する方向で、それでいてラフにある肝心なところをきちんと強調して描き出すような、つまり写真とイラストの中間のような感じがいいのではないかと考え、そこでお願いしたのが、イラストレーターのチカツタケオさんです。

ナイフの刃と鞘との重なり具合、鞘に描かれた花の絵も太田さんのラフを忠実に再

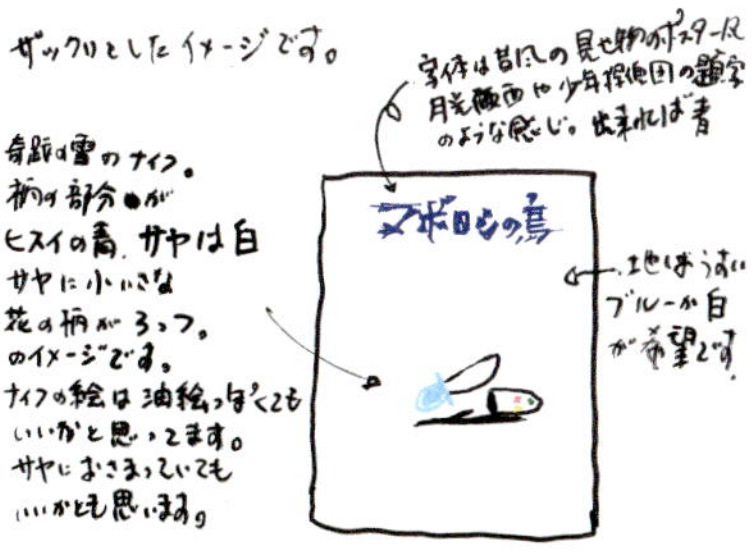

☛太田光氏によるイメージラフ

太田 光
『マボロシの鳥』
新潮社
2010. 10 / ¥1500
装画―チカツタケオ

マボロシの鳥
太田光
角田光代氏、絶賛
「びっくりした。太田光という人は、本気で信じているのだ。
私たちのあるべき世界は、もっとうつくしくてまっとうなはずだと。
そのことに私は本当に胸を打たれる」
ビートたけし氏、迷惑
どうせ爆笑小説とか言うコントだろう。えっ、マジ小説？
おいらより先に直木賞とったら許さないからね。
コノヤロー!!
爆笑問題・太田光、ついに小説家デビュー！
才能のありったけを注ぎ込んだ《希望の書》
新潮社
定価：本体1500円（税別）

現しています。

タイトル書体は装画のナイフから発想しています。大小をつけることとカスレを与えることによって、太田さん希望の活劇風にしています。

ただタイトルの入れ方ですが、太田さんのラフのとおり横一列に入れてしまうと、ストイックにまとまりこそすれ、どこか控えめな印象がせっかくの活劇風のニュアンスを損なってしまいます。ここはこちらの判断を通させていただきました。


いつもそうですが、文字や絵の大きさであったり、形であったり、トリミングであったり、何をどこまで露出するかしないのかが装丁にとって大事です。それを判断させ決定にまで至らせるのは、その本の持つ性格そのものにあります。性格から欲するものを聞き入れる感覚に近いかもしれません。洋服でもそうですが、嫌がるものを無理強いするわけにはいかないし、際立って見える工夫は喜んでくれるはずです。

遊星ハグルマ装置

「直木賞作家」朱川湊人氏と「念力歌人」笹公人氏によるコラボで、互いに相手の作品(小説と短歌)からインスピレーションを受けながら連詩形式で進んでいく、昭和の懐かしさと少年少女の空想に満ちた物語です。

諸星大二郎氏によるこの装画は、もともと連載時(「ポプラビーチ」というサイト)にタイトルバックとして使用されていたもので、「放課後」「少年」「科学」という、懐かしい記憶を呼び覚ますようなまさに内容に相応しいイラストなので、装丁にも使用させてもらおうと連載担当に求めたところ、「紛失した」とのこと……(そんなことがあっていいのか?!)。急遽、諸星氏に同じような絵を依頼しました。

装丁に落とし込むため、ご覧のとおり原画に手を入れさせていただいています。まず絵の中から人物だけを取り除き、背景だけの状態にして、歯車や地面を伸ばします。その上に人物を、文字の都合に合わせて配置。調子も、背のタイトルを読みやすくするために夕焼けを濃くしたり……。パソコンがない時代では絶対に無理ですね。

朱川湊人/笹 公人
『遊星ハグルマ装置』
日本経済新聞出版社
2011. 6/¥1600
装画―諸星大二郎

遊星ハグルマ装置
yusei haguruma sochi
shukawa minato & sasa kimihito
朱川湊人 笹公人
yusei haguruma sochi
遊星ハグルマ装置
shukawa minato & sasa kimihito
朱川湊人
笹公人
日本経済新聞出版社
17106
9784532171063
1920093016001
ISBN978-4-532-17106-3
C0093 ¥1600E
日本経済新聞出版社
定価(本体1600円+税)

遊星ハグルマ装置
yusei
haguruma
sochi
みんなして異次元ラジオを聴いたよね卒業前夜の海のあかるさ
朱川湊人
笹公人
同じ「惑星」からインスピレーションを受けた直木賞作家の短篇小説と〝念力〟短歌が交感!? 空想と科学と、昭和の薫りと……懐かしく不思議な物語が紡がれる。
日本経済新聞出版社 定価(本体1600円+税)

書名、著者名、帯のキャッチコピーの書体は、２００９年に復刻された矢島周一著『図案文字大観』（グラフィック社）を参考にしています。この本の初版は１９２６年（大正15年）。著者は、当時大阪の印刷所で、映画や演劇のポスターなどのレタリング画工として活躍していた人物です。まさに大正ロマン、昭和モダンの体現者で、我々デザイナーの大先輩でもあります。

この本がすごいのは、当時の常用漢字（１９６３字）すべてを、10の書体で一挙掲載していることです。その他に、平仮名とカタカナで１００書体、アラビア数字とアルファベットで63書体、総計約２８０００文字！　今回はその10の書体のうちのひとつを使用したわけですが、ただこの書体にはカタカナと平仮名がないので、やむを得ず、漢字から類推して、印象を損なわぬようこちらで創作しました。パソコンを使って、チマチマ点を動かして作っていくわけですが、矢島先生なら筆で「えいやっ！」ってな感じで一気に書いたんでしょうね。まさに職人技です。

本文用紙は、厚めの（しかし軽い）ざら紙を使用していまして、３３６ページとそれほど量はないにもかかわらず、束幅は３センチを超える堂々たる存在感。でも手に取ると軽い。マンガ雑誌を手にしたときのような印象を狙っています。

コロヨシ!!

「この世界」では、掃除がスポーツ競技として存在していて、高校生たちはサッカー部やバスケ部みたいに「掃除部」に所属しております。そして当然のことのように、「全国高校掃除大会」を目指している――という独特な世界をでっち上げ……、否、失礼、創るのが三崎亜記さんは本当にうまいですね。「コロヨシ!!」とは、柔道における「はじめっ!!」のように、競技の開始を告げる際の審判の合図です。

そういうわけで装丁も、その不思議な世界に自然と読者を引きずり込むために、その世界の歴史を捏造……ではなく創造してみることにしました。

「掃除」という競技は中国古来のもので……といった記述が出てきましたので、「おそらくこの競技の型を示した古文書のようなものが存在するはず」と勝手に想像し、イラストレーターのいぬんこさんに水墨画風のモノクロの筆画を描いていただきました。それにこちらで着色し、古文書風の加工を施すことで、「歴史」を演出しています。手漉きの和紙――紙舗「直」という白山にある創作和紙屋さんのもの――の地模様をスキャンして重ねることで、自然な古い風合いを演出しています。

三崎亜記
『コロヨシ!!』
角川書店
2010.2／¥1600
装画―いぬんこ
協力―紙舗 直

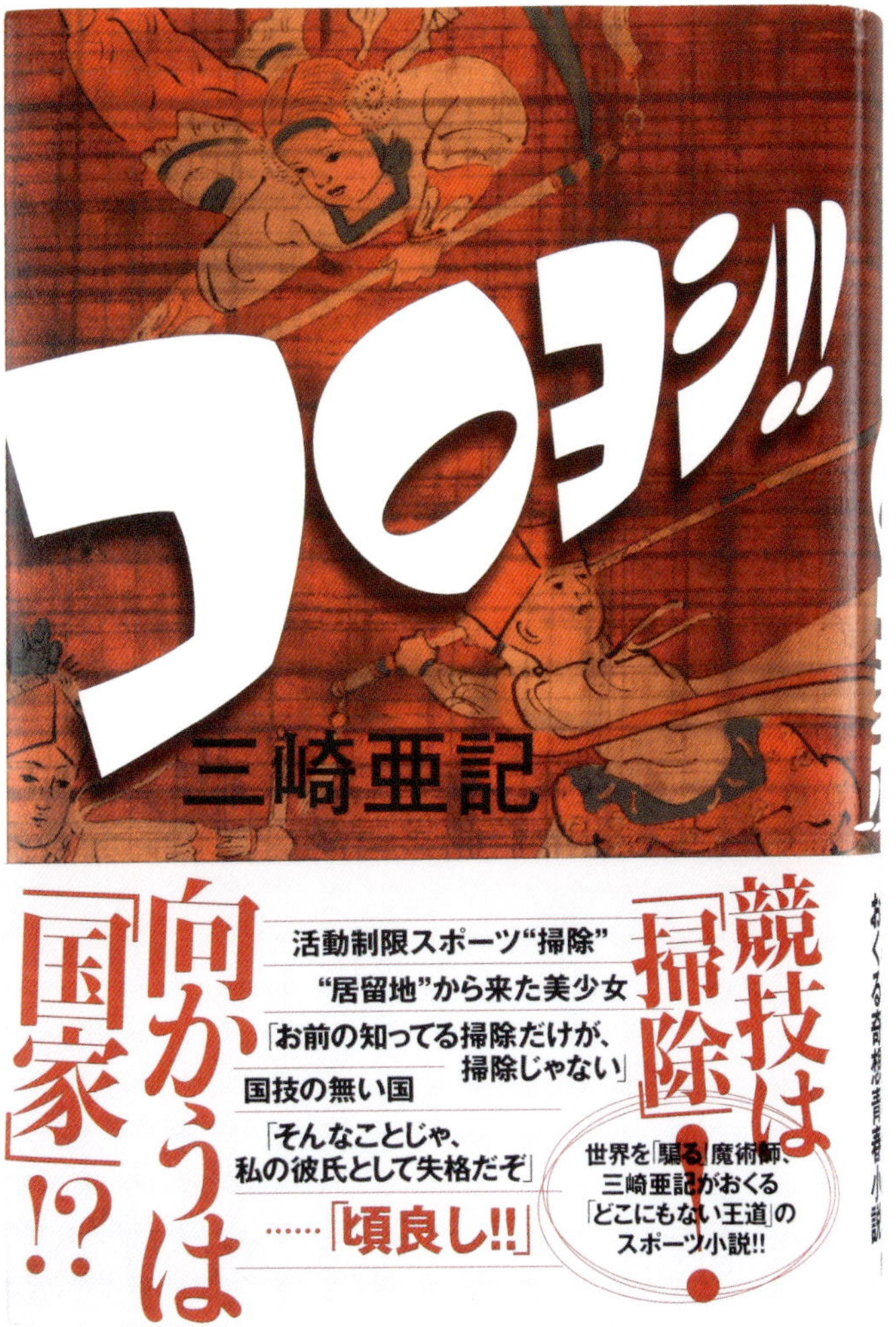
コロヨシ!!
三崎亜記
競技は「掃除」!
向かうは「国家」!?
活動制限スポーツ“掃除”
“居留地”から来た美少女
「お前の知ってる掃除だけが、
掃除じゃない」
国技の無い国
「そんなことじゃ、
私の彼氏として失格だぞ」
……「頃良し!!」
世界を「騙る」魔術師、
三崎亜記がおくる
「どこにもない王道」の
スポーツ小説!!
おくる奇想青春小説

ひそやかな花園

とある不妊治療を行うクリニックで、体外受精によって生まれた子供たちが本当の父親を捜す物語を軸に、家族とは、親子とは、夫婦とは何かを問いかける感動作です。装画は、このクリニックで知り合った家族同士による、まだ子供たちが幼かった頃に恒例にしていた夏のキャンプでのひとコマです。イラストレーターの辻恵さんには、子供たちが夏の光に溶けるように、戯れ、きらめいている姿を永遠の記憶として留めている――そういう絵をお願いしました。

辻さんは当時、美大の大学院で日本画を学ぶ学生で、私がとあるコンペで賞を差し上げたのですが、紙と墨による絶妙な調子を、職人のごとく操る達人で、38ページのように原画は、墨だけで描かれています。地の白とスミの間《ま》の取り方ももちろん秀逸ですが、特筆すべきはその技巧です。なぜこのような滲みとカスレを作り出すことができ、しかもそれらが風景に必要欠くべからざる要素と相成るのか、いまだに不思議でなりません。作家しか知り得ない、和紙と墨に潜む「ひそやかな」生態を見せつけられる思いです。

角田光代
『ひそやかな花園』
毎日新聞社
2010. 7 / ¥1500
装画―辻 恵

ひそやかな花園

角田光代

きみが触るもの、
味わうもの、
ぜんぶ人と違う。
きみがいなければ、
きみの見る世界は
なかった。

親と子、夫婦、
家族でいることの意味を
根源から問いかける。
『八日目の蟬』から三年。
衝撃と感動に震える、
角田光代の最高傑作誕生！

ひそやかな花園
角田光代
角田光代
ひそやかな花園
毎日新聞社
9784620107561
1920093015004
ISBN978-4-620-10756-1
C0093 ¥1500E
毎日新聞社 定価:本体1500円(税別)

彼女はアーティストとしても活躍していて、イラストレーションとの垣根を自在に行き来する稀な作家さんです。

ただやはりモノトーンというのは、芸術性はあれどストイックすぎて、本という商品にはどうにも本質的な部分で適わない気がします。

編集からはよく、重いテーマや暗い内容の本であっても、であるからこそなお一層「地味にはしたくない」と言われるのは、そのような商品としての強度が求められているからなのでしょう。

水墨画は、そのモノクロの調子の中に無限の「色彩」を見るものかもしれませんが、書店の平台では、そんな悠長なことを言っていられません。そういうわけで、私の独断で、色彩を施しております。ボケボケの花の写真を入れ込んだわけですが、赤、オレンジ、黄色のあまり抑揚のないフラットな色調のものなので、先ほどの原画の微妙な調子（濃淡、ボケや擦れ）もちゃんと再現されているはず、です。

今日もごちそうさまでした

同じ角田さんの本ですが、こちらは小説でなくエッセイ集です。角田さんとは一度、何かの本の打ち上げでご一緒したことがありますが、始終にこやかで、食べることが本当に好きなんだなとそのとき思いましたので、こういうエッセイが出るのが遅いぐらいですね。アスペクトのＨＰでの連載をまとめたもので、四季折々のうまそうな食材と料理についてふんだんに語られております。

というわけで「この本の装丁はもう、食材しかないでしょう」と編集とすぐに合意したものの、イラストレーター誰にしようか……。毎度ながら悩ましい問題浮上です。食材はすでにいろんな画風が試されているので、どうしても見覚えのある、予定調和なものになってしまいがちですが、せっかくの角田さん初の食べ物エッセイ、見たことのない斬新な絵を持ってきたいわけです。

そこで発見したのが、イラストレーター最上さんのこの手法です。

普段の彼女の画風とまるで異なっているので、本人に訊いたところ、物のほぼ忠実なシルエットに点描でラインを入れただけとのこと……。

角田光代
『今日もごちそうさまでした』
アスペクト
2011.9／¥1400
装画―最上さちこ

今日も
ごちそうさまでした

角田光代

しあわせで、たのしくて、
おいしい食べものエッセイ

朝7時、
昼12時、
夜7時。
失恋しても
病気になっても
ごはんの時間に
きっちり
ごはんを
食べてきた。

いやー、これは発明ですね。そんな簡単なことで、親しみやすく、しかも正確なアイコンとして見事にビジュアル化されています。

あまりにもすばらしいので、カバーだけでなく見返しや本文まで、クリーム系の用紙に紺一色のみで再現しました（☛）。素材そのまま。まさに余計な味付けは一切要らん！という割烹の大将のような判断です。

『ひそやかな花園』の原画と同様、このイラストもモノトーンなのに、こちらは彩色せずにそのまま使用しており、先ほどの商品性への言及と矛盾しているようですが、していないんです。そこにこそイラストレーションという表現の多様性があります。この場合、商品としての強度は明らかに達成されています。むしろモノトーンであることが魅力ではないでしょうか。

ロッカー

小野寺史宜
『ロッカー』
ポプラ社
2008.11／¥1600
装画―門倉直子

「プチ不登校の女子高生、いいかげん高校教師ギタリスト、ロック少年、同性愛女教師、女性総合格闘家……たちが織り成す痛快な感動物語」（帯裏のコピーより）です。

小説の装丁に際して問題になるのは、主人公の顔を出すか否か、です。読者の想像力への働きかけ方として相応しいかどうか。その作品にとって幸せなのかどうか。むしろマイナスにならないか……。

主人公を出そう、となった場合、当然ながらその主人公は実在しないわけですから、装丁家はそれを捏造……ではなく創造します。これを作り誤ると、作品を傷つけるばかりか、それ以前に、描かれたキャラ次第では届けたい人をむしろ遠ざけてしまうという、誠に由々しき事態にもなりかねません。露出するキャラクターは絶対に魅力的でなければなりません。半端にやるくらいなら、存在を匂わせる程度に顔を隠すか、出さないほうがよっぽどマシだったりします。世に言う？ところの「主人公―偶像」問題です。私だけが言ってるだけかもしれませんが……。

この作品のように主人公のキャラが強く立っている場合は、「読者を必ずや牽引し

小野寺史宜
Fuminori Onodera
ROCKER
ロッカー
あたしが歌うの？
第三回
ポプラ社小説大賞
優秀賞受賞作

てくれる人物だろうから是非とも顔は出したいが……しかしそんな絵があるのか？」となって、イラストレーターのファイルや画集、展覧会のＤＭやらフライヤーやらをひっくり返しながら探すわけです。

　そういう場合一応のイメージはあるので、それに相応しいものを……という場合と、あるいは「あの人のあの絵」とピンポイントで思い浮かぶ場合と、２パターンがあります。

　つまり「探す」という行為は、ぼんやりしたこちらのイメージにぴったりな絵そのものを探す、という意味と、「あの人にお願いするには、どこに連絡したらいいんだ？」というギャラリーやエージェント、あるいは本人の連絡先を探す、という２パターンあるわけです。この本の場合は、とあるアート・フェアのブースで見初めていた門倉直子さんの作品がすぐに思い浮かびましたので、後者です。言うまでもなく、この絵は記憶に残ります。

　おそらく今の高校生ぐらいの若者は、キャラクターと言えば、頭の中はマンガとかアニメだと思うんですが、この絵はそのアニメっぽい感じと、本当にいそうな現実感がうまく混ざっていて、まさにこの本の主人公にぴったりだと思いました。

この女

恋愛小説ですが、タイトルが「この女」……。美人だけれども、神経が図太くて、無骨な感じの女性が主人公です。

打ち合わせ当初、「装丁に『この女』を登場させないほうがいいのではないか」という編集者の希望がありました。「この」と言いながら具体的に指し示さないところの「謎めき」を意図したわけですが、にもかかわらず、それを独断で反故にしてしまったのは、ビジュアルの方向を決め兼ねているとき、この清水寿久さんというイラストレーターを思い出してしまったからです。

私がイラストのコンペで賞を差し上げた方ですが、色紙を何枚か重ねて貼った「層」を、彫ったり、削ったり、剥がしたり、傷をつけたり、時に油を染み込ませたりしながら作るわけです。このドライでいささか暴力的な手法が「この女」のイメージにぴったりでした。

帯のキャッチは浪速のおっちゃんの粘り着くような物言いを表現していますが、絵との対比、相乗効果によって物語へと導いてくれればと思った次第です。

森 絵都
『この女』
筑摩書房
2011.5／¥1500
装画—清水寿久

この女

森絵都

あんたのヒロイン、なかなかのタマやな

震災前夜、神戸と大阪を
舞台に繰り広げられる
冒険恋愛小説!
3年ぶり、著者の新境地を
開く渾身の長篇書き下ろし

筑摩書房 定価(本体価格1500円+税)

いたこニーチェ

『この女』同様、こちらの装画も清水さんです。

ニーチェが青森の「いたこ」のように降りてきて、人に乗り移ってニーチェの言葉で語り出す、というニーチェ研究家適菜収さんによる哲学小説です。

設定としてはコミカル。でもマンガってわけにはいかないし、ニーチェの写真を持ってくるのも重すぎる……となると、やっぱりイラストレーションしかないわけですが、コミカルすぎず、シリアスすぎず、でも似顔絵として成立しているイラストとは……ということで、清水さんに描いていただきました。

清水さんのイラストの良さは、一見主張してないようでしっかり主張している、例えて言うとネガっぽいところです。見る側の想像の余地を残している。この絵を基に何らかの処理を施せば、実体が現れてくる、そういうネガっぽさがありながら、同時に絵そのものがけっこう強烈でもある。そのバランスが面白いわけです。

この小説でのニーチェの出現の仕方に、ぴったりな形を与えてくれています。

適菜 収
『いたこニーチェ』
朝日新聞出版
2011.9 / ¥660
装画─清水寿久

いたこニーチェ
適菜収
Osamu Tekina
今の日本、
サイテー。
ダメになった
現代を救うために、
ある日、
ニーチェが
降りてきた。
抜群に面白くて
わかりやすい
哲学小説
朝日文庫新刊

曾根崎心中

遊女のお初は、愛する徳兵衛と心中することで、未来永劫、愛する男女の手本になることを望み、そしてそのとおり果ててみせるという、江戸時代のすごい女性を描いた近松門左衛門原作による人形浄瑠璃ですが、その角田光代さん版です。

編集のリクエストは「昔のお話」とならず、人間の情愛の普遍性に焦点を当てたい、ということでした。それがこの物語を今、角田さんが描く意味でもあるので、装画も同じように、浄瑠璃の人形を今の人が描いたら面白いのではないか、というところからの発想です。

画家の今井麗さんは、モチーフを乱暴なほど大まかに捉えながら、画面そのものは非常に空間的。ものの存在感を、解釈以前に突きつけるような凄味があって、まさに「お初」という女性を描くのに相応しいと考えました。表1にお初、表4に徳兵衛を描いていただいたのですが、あたかも絵の具だけで出来た世界がそこにある、というような独特なリアリティがあります。

ただ、ここでも「主人公―偶像」問題が浮上し、やっとのことでの着地点でした。

角田光代
『曾根崎心中』
リトルモア
2012.1/¥1400
装画―今井 麗

曾根崎心中

角田光代

原作 近松門左衛門

愛し方も
死に方も、
自分で決める。

いま、男と女は
どこへむかうのか
究極の恋のかたち
著者初の時代小説

イカと醤油

甲斐性なしで女房に逃げられたわりには自尊心の強いプータローのような父親と、そんな彼と離れたくない一心で、いじましくも父親のご機嫌をうかがい続ける幼気な息子との日常を描いた小説です。この偉そうだけど貧乏な親父の好物がイカで、親父と息子で、「イカと醤油」みたいな名コンビ……という意味だったと記憶しています。

生活環境のディテールがとてもリアルなので、自伝的な部分も多いのかな……。この息子の気遣いの細やかさは、そのまま著者の芸風につながっていて、本書の半分はお笑いオンパレードな、まるで本人のネタ帳のような内容です。

装丁は、そんな著者の持つ素朴で人間味のあるキャラクターを本という形にいかに落とし込むかです。

イラストはオオニシヨウさんです。これも、『いたこニーチェ』同様、ネガのようでシルエットに近い、語りすぎないその木訥な作風は、読者とのあいだに想像の余地を与えていて、スッと物語の世界に引き込んでくれます。

つぶやきシロー
『イカと醤油』
宝島社
2011.1／¥1300
装画―オオニシヨウ

イカと醤油
つぶやきシロー
1位オノ・ヨーコ、2位鳩山由紀夫、3位孫正義…
twitterフォロワー数37万人、日本人第6位!
いま、俄然注目を集める「地味な天才」
つぶやきシロー、初小説!
宝島社 定価:本体1300円+税
「つぶやきシローをデビューから知っているが、
ついに本気を出した模様! もっと早く出せよ。」伊集院 光

装画について

10年くらい前からイラスト・コンペの審査員やカルチャー・スクールの講師などを任されるようになり、様々なイラストレーターに出会う機会が増えました。

先ほどの『この女』の清水さんを始め、すでに何冊か、コンペで私が賞を差し上げたイラストレーターとの仕事を取り上げましたが、ここからいくつか（73ページまで）まとめて振り返ってみたいと思います。

私が賞で選ぶときの基準は、ぱっと見て、「えっ！ なんだこれ、見たことない」というものかどうか、だけです(笑)。膨大な作品をものすごいスピードで見ていくので、そういう絵に出くわすとそれは不思議と輝いて見えます。

「どんなイラストがいい」といった基準はまったくなくて、その人の感受性がそっくり絵になっているかどうか、自分にしかないものが絵になっているかどうか、唯一それだけです。自身に忠実であることです。

装丁では、今まで見たことのない新しい世界、発見を、デザイナーとしては本に与えたいわけで、そのためにイラストレーターの感受性を借りたい。いま新しく生まれようとしているその本に、唯一無二の存在感を与えたいわけです。そういうわけで、活き活きと語りかけるビジュアルは欠かせません。

どこか既視感が漂っていたり、まるで言い訳のような理屈によって成り立っていたりすると、人の心は動かせません。そういう絵はそのまま停滞とか失速、消沈を買ってしまいます。基本的に絵は理解とか解釈を超えて伝わってしまいます。

自分にしかない感性というのはなかなかあやしいもので、最初は結構他人からの借り物だったりします。よほどの天才ならいざ知らず、難しいところですが、量を描いているうちにその自分にしかない感性は少しずつ形になっていくようです。私のところに何年も売り込みを続けて、アドバイスを受けていくなかでようやく開眼（笑）する輩もおります。

最近はイラストに限らず、デザインの分野でも、女性のほうが圧倒的に多くて、講師として行くと、9割女性みたいなことになります。だんだん女性の文化になりつつあるのかもしれません……不思議なことです。女性のほうが実感で生きているからでしょうか、自身の感受性に正直な分、実体を伴ったこの分野に惹かれるのかもしれません。

トライアウト

タイトルの「トライアウト」とは、スポーツ団体への加入を希望する選手が受ける採用試験のことです。

この小説はある戦力外通告された投手と、それを取材する新聞記者の女性が主人公で、二人は互いに支え合いながら球団入りを目指す……という物語なので、ビジュアルはもう、野球しかないだろうなあ……というわけで、装画は私が毎年講師をやっているイラストレーション・スクール青山塾の生徒さん——とはいえ、かなりの水準にあったので——にお願いしました。可能性のある人は現場に立たせることで格段に伸びるので、ここのスクールの生徒には過去に何人も依頼しています。その後、他からも声がかかるようになる人も珍しくありません。

しかし完成に行き着くまでは描き慣れないモチーフなのか、実際休日に何度も野球場に行ってもらい、何案も描いてもらいました。彼女は他に仕事をしながらの作業だったので大変だったはずです。その甲斐あって、本の内容に相応しい、とても緊張感のある瑞々しいイラストになりました。

藤岡陽子
『トライアウト』
光文社
2012.1/¥1500
装画—高寄尚子

トライアウト
藤岡陽子
tryout
「これまでは他人と
競争するためにやってきた――
これからは自分との競争をする」
父親の名は明かさないシングルマザーと
戦力外通告されたプロ野球選手、
二人の生きがいが紡ぐ物語。光文社

赤ヘル1975

昭和50年、広島東洋カープ初優勝の年の広島を舞台に、小学校を卒業したばかりの中学一年生3人の友情物語です。彼らの出会いと別れが描かれるのですが、そこにカープ優勝までの奮闘記がスポーツ・ノンフィクションさながらに挿入されていく手法は新鮮で、作品全体に臨場感と立体感を与えていて、これまでになく感動させられた重松作品となっています。

装画は物語のラスト、主人公のひとりが父親の仕事の都合で他県へと離れることとなり、カープの優勝パレードが華々しく催されるなかで、3人が別れを惜しむ場面です。

イラストレーターいしさか玲奈さんも原宿にあるギャラリーのコンペで見つけました。彼女が当時の少年の表情や服装などを調べたり、こちらのディレクションに適うまで何枚もニュアンスを変えて描いてくれた甲斐あって、物語のラストシーンに相応しい表情になっているハズです。彼女はデザイナー経験者のせいか、単に感覚だけでない、あくまで仕事として要望に応えようとするその態度が、改めてイラストがデザインされた絵であることを教えてくれます。

重松清
『赤ヘル1975』
講談社
2013.11／￥1800
装画―いしさか玲奈

重松清
赤ヘル
1975
悲しみが、苦しみが、
怒りが、祈りが、
そして希望が――
この年、
真っ赤な
奇跡へと
つながった。
原爆が投下され、街が燃え尽きてから30年。弱小球団・広島東洋カープができてから26年。カープの帽子が濃紺から赤に変わり「赤ヘル軍団」となった頃、一人の転校生が広島にやってきた。
講談社

二人静

DVの夫から逃れ、場面緘《かん》黙症の娘と懸命に生きる女性と、学生時代に恋人を自殺で亡くし、認知症の父親を介護しながら食品メーカーに勤める30代の男の、傷を負った者同士が出会い、互いに支え合いながら生きる感動の物語です。

盛田さんの小説は何度か手掛けさせていただいていて、たぶんご本人がやさしい感じの、喫茶店のマスターみたいな人柄ではないかと、失礼ながら勝手に想像しますが、まさにそういう雰囲気の作風で、この話でも男女二人が、近づきすぎず離れすぎず、決して馴れ合わない自立した大人の現実が描かれています。

この装画の松嶋さんもコンペ（ペーターズ・ギャラリー主催）で私が賞を差し上げたひとりですが、瑞々しい筆致の母娘の表情からは、不安げな中にもひたむきな意志が感じられ、二人が置かれているであろう切実な「現実」を予感させてくれます。『曾根崎心中』同様、こちらも表4は主人公の男性を描いていただきました。

盛田隆二
『二人静』
光文社
2010.9／¥1800
装画―松嶋恵子

盛田隆二
二人静《ふたりしずか》
父親の世話、
娘の場面かん黙症、
夫の暴力、恋人の自殺…
それぞれに事情を抱える
二人が出会ってしまった。
真実の愛には、何ができるのか。
リアリズムの名手が、
精神の進化に挑む
感動大作一〇〇〇枚！
光文社

魔法使いクラブ

とりわけ少女期にある世界観――空想とか妄想とか、秘密の遊びとか、その秘められた非日常を通して、彼女たちが成長していく物語ですが、そういう心象性そのものを絵にしたいなと思い、装画は今井ちひろさんにお願いしました。彼女は絵画教室の先生をしていて、たまたま応募したコンペで私が賞を上げた画家さんです。どちらかというと私は、アート寄りの作品に眼が向くようです。

イラストレーションは基本的に意味・内容を絵で伝えるものです。要するに文字ではない言葉として、誰が見ても通じるもの、つまりコミュニケーションを目的にしています。だから職業として成り立つわけですが（一方、画家はそれが職業かどうかは差し当たってどうでもいいはずです）、今回の装画は、それこそ言葉にならないこと――みんなが等しく了解するような感覚から外れた、ちょうど少女同士が耳元で囁き合うような特殊な感受性を表現したいと思ったわけです。

おぼろげながら虹と蝶が描かれていて、まさに不確かながら実体を求める少女の内面を垣間見るようです。

青山七恵
『魔法使いクラブ』
幻冬舎
2009.1／¥1500
装画―今井ちひろ

離れていった友達。ばらばらになっていく家族。

結《ゆ》仁《に》は、自分の世界を取り戻す壮絶な戦いを始めた——。

あたしは家に帰って、お兄ちゃんが向かい合っているテレビの中に入ってしまいたかった。そこには外の光は届かなくて、アイやキボウの歌が流れているだけだ。

少女が自立するまでのいやらしく美しい
8年間を鮮やかに描き切った
青山七恵の最高傑作、ここに誕生！

書き下ろし長編

幻冬舎
GENTOSHA
定価(本体1500円＋税)

オキシペタルムの庭

普通の恋人同士ですが、男のほうの日常に妙な空白があって、女性があるとき町で彼を見かけて後をつけていくと、一軒の家に入っていく。そこは自己啓発系の宗教団体で、実は彼は信者だとわかる。その後、彼女も誘われてその家に行くわけですが、やはり同調できない。自分を偽らず、少しずつ彼から自立していく過程が葛藤とともに描かれる、結婚を考えるすべての女性へ向けた小説です。

その家の庭に植えられているのが、「オキシペタルム」という可憐な青い花を咲かせる多年草です。葉や茎を傷つけると染み出る乳液は毒性があり、「信じあう心」という皮肉な花言葉もシンボルとして欠かせません。是非ともそれを装画にしようと思いました。

なんとも不思議なタッチの絵ですが、これはミシンを使って糸で描かれたものです。手描きの線で描くよりも、からまってくる執拗さや物質としての量感が出てしまうわけですが、彼女は手慣れたもので、嫌味にならない程度の存在感と、むしろ肉筆にはない間接性ゆえの軽快でドライな表現となりました。杉原さんも受賞者です。

瀧羽麻子
『オキシペタルムの庭』
朝日新聞出版
2012.10／¥1700
装画―杉原みゆき

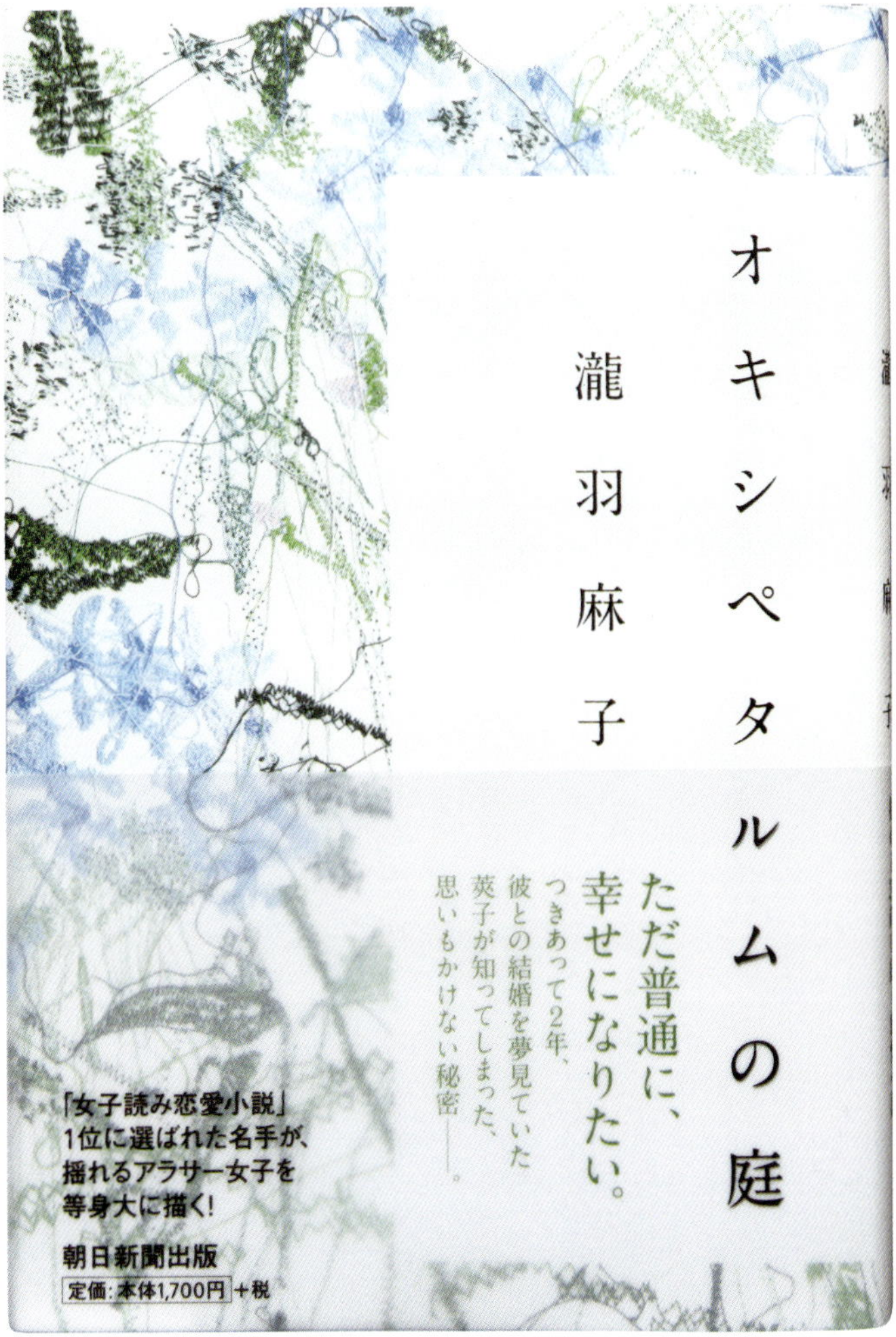
オキシペタルムの庭
瀧羽麻子
ただ普通に、幸せになりたい。
つきあって2年、
彼との結婚を夢見ていた
葵子が知ってしまった、
思いもかけない秘密——。
「女子読み恋愛小説」
1位に選ばれた名手が、
揺れるアラサー女子を
等身大に描く!
朝日新聞出版
定価:本体1,700円+税

東京観光

原稿を渡されてから入稿までに時間があったので、私が講師を務める装画塾の課題にしてみました。

10人くらいの生徒全員に原稿を読ませて、「あなたなら、こういう方向がいいんじゃないか」というディレクションとともに、それぞれのやり方で装画を作っていくという内容で、著者の中島さんと編集者にも同席していただき、様々な意見を取り入れながら最終形を各自模索していきました。そうして選ばれた一等賞がこちらです。

この装画はベニヤ板を彫刻刀で削って着色する、という手法で出来ています。版木がそのまま作品になったような、絵自体は軽いんですが、表現が重いというか強いので、独特の存在感が生まれて新鮮です。誰がやってもこうなるかというとそんなことはなくて、この人ならではのやりすぎないドライさがいいと思います。

授業中にある水準には達したものの、そのあと1ヵ月くらい彼女と試行錯誤しました。モチーフがなかなか決まらなくて……。結局、雷門とパンダにスカイツリーという、あえて凡庸さこそがタイトルを強化するという結論です。イラストのオリジナリ

中島京子
『東京観光』
集英社
2011.8／￥1400
装画—千海博美

東京観光

中島京子

KYOKO NAKAJIMA
TOKYO SIGHTSEEING

直木賞作家中島京子初短篇集

疑惑、珍妙、孤独、当惑、思慕、哀愁。

あのとき、あの場所
彼と彼女の風景

集英社 定価1470円 本体1400円

ティをストレートに伝えることにも適っているのではないでしょうか。

イラストレーター全般に言えることですが、イラストレーターという職業は、基本的に発注されたものを描くわけです。つまり対象＝「意味」を基に描くわけですが、往々にして絵に「意味」を与えようとする過度な使命感から、自分のスタイルをなくしてしまう人がいます。

仕事となれば緊張もするし、それがまじめな態度と言えなくもないんですが、「自分」以上に「相手」を優先させるため、確かに「答え」にはなっていますが、ぜんぜん面白くない、ということになってしまいます。その人の絵本来の魅力が置き去りにされているわけです。

デザインにも言えることですが、それは結局意味を「読み取られる」前に、一瞬にしてまず「見られてしまう」ことにどれだけ自覚的であるかが問われているんだと思います。「目を惹く」ことがイラストレーターに課せられた第一義的なミッションであるべきなのです。

〈独自のスタイル〉と〈発注内容〉をしなやかに両立させ続ける者がやはり生き残るのではないでしょうか。

神田川デイズ

大学生たちの、社会人を目前にしたとまどいと言いますか、ヘタレで愛おしい日常がひしひしと伝わってくる内容です。

装画は、雑誌「イラストレーション」とタイアップして行った「装丁コンペ」によって選びました。

選考の経緯は、まず一次審査として作品を提出してもらいます。この時点で、500人以上の応募があり、ひとりあたり2、3点から10数点の作品が届きましたので、総数は3000点近く……。その中から、20~30人に絞ります。選ばれた方々には、実際に『神田川デイズ』の原稿を読んでもらい、担当編集者も交えて装画のディレクションをそれぞれに行います。

そして数日後、各自の装画を提出してもらい、二次審査。見事選ばれたのが、この太田マリコさんの作品でした。通常の装丁の流れからは考えられない、まあなんとも贅沢で幸せな本作りです。

豊島ミホ
『神田川デイズ』
角川書店
2007.5/¥1400
装画―太田マリコ

神田川デイズ
豊島ミホ
かっこ悪くていたたまれなくて、
ちょっぴり愛しい上京ボーイズ＆ガールズのキャンパスライフ。
俊英、豊島ミホ、ついにきた
ど真ん中の青春小説!!
ダメダメなあたしたちにも、
明日はくる
——否応《いやおう》なく。

通常は、こちらで予め選んだイラストレーターに「こういうものを描いてください」とお願いし、想定したイメージになるように祈りながら待つわけですが、上がったイラストがダメな場合、時間が迫るなか、なんとかお願いして、もう一度描いてもらったりします。

この本では20名を超えるイラストレーターがしのぎを削るわけですから、そのバリエーションたるや、よりどりみどりです。普段は知り得ないイラストレーターの発想にびっくりさせてもらったり、まさに出会い頭の発見に満ちた機会です。同じテーマで描くのもそうないので、イラストレーター同士の刺激にもなったのではないでしょうか。

ただ、雑誌「イラストレーション」に掲載する記事のチェックはしないといけないし、同時にNHKの「プロフェッショナル 仕事の流儀」が——2007年5月に私の回が放送されました——この様子を取材していたりして、とにかく大勢の人がごちゃごちゃと事務所を出入りしていたため、完成したときはどっと疲れました(笑)。頻繁にやるもんじゃないですね。

カッシアの物語

高度に管理された近未来社会の、ある家族とコミュニティを描いたものです。管理主体の不明瞭さが、物語全体に不穏な空気を漂わせ、独特の世界観を醸し出しています。３部作中の第１弾で５００ページにもおよぶ長編です。

実はこちらも前出の装画塾の課題にしていたのですが、私のイメージになかなか引っかかってこない……こちらの指導力不足もあるとは思いますが、それ以前に、小説の世界観が各イラストレーターに合う／合わないというのはやっぱりあります。で結局、やむなく採用者ナシとしました。そこで登場していただいたのが多田景子さんです（彼女もまた私の審査によるコンペ受賞者なのですが……）。

物語の主人公は17歳の女の子ですが、徹底した管理社会によってスポイルされた人間の諦念と、それだけではない秘めたエネルギーが微妙なバランスでひとつの絵になっています。

それにしてもこの小説、さすがに生徒にダメ出しするからにはしっかり細部まで読み込む必要があり……２回読みました。そういう意味でも教えるのは大変です。

アリー・コンディ
『MATCHED カッシアの物語』
プレジデント社
2011.10／¥1800
装画―多田景子

『CROSSED カッシアの物語2』
2013.3／¥1900

MATCHED

アリー・コンディ

高橋 啓=訳

プレジデント社

カッシアの物語

「ハリー・ポッター」にハマれなかったあなたへ贈る、10年に1作の物語誕生!

あなたはわたしの秘密を守れますか?

世界33カ国で出版
ディズニーが
映画化権取得

結婚も、職業も、死さえも……

すべてが決められた"偶然の起こるはずのない社会"。そこに暮らす17歳の少女の運命を変える選択《マッチド》とは——。『嵐が丘』『風と共に去りぬ』そして、『トワイライト』に次ぐ新たなラブロマンスの傑作!

盤上のアルファ

社会部から文化部の囲碁将棋担当に左遷された33歳の新聞記者と、プロ棋士を目指す33歳のフリーター男、その周辺の人間模様を描いたスポ根ならぬ将棋根ドラマです。いやぁ、これは面白かったです。私自身、幼少からこの手のゲームはからきしダメなのですが、読み進めるうちに、囲碁将棋担当となった記者のシロート目線とともに、不本意ながら将棋の世界へどんどん引き込まれていきました。

カバーの装画は、プロ棋士になれなかったらお先真っ暗の、まさに瀬戸際の主人公真田を表現しています。

イラストレーターは村上隆氏率いるGEISAI（#14）で発見した佐賀県在住の画家伊藤大朗氏です。彼の絵は、その意味はともかく、上司の罵倒が過ぎ去るのを辛抱していたり、平身低頭でひたすら謝っているサラリーマンなど、ただそれだけのシーンを絶妙なアングルで巨大なキャンバスに描いています。しかもかなり本気にやっているので、コミカルな状況を完全に凌駕して、それはそれはアートとして圧倒的です。

続編『盤上に散る』（☛）は、ミステリー仕立ての真田のその後となっています。

塩田武士
『盤上のアルファ』
講談社
2011.1／¥1500
装画―伊藤大朗

☛
『盤上に散る』
2014.3／¥1500

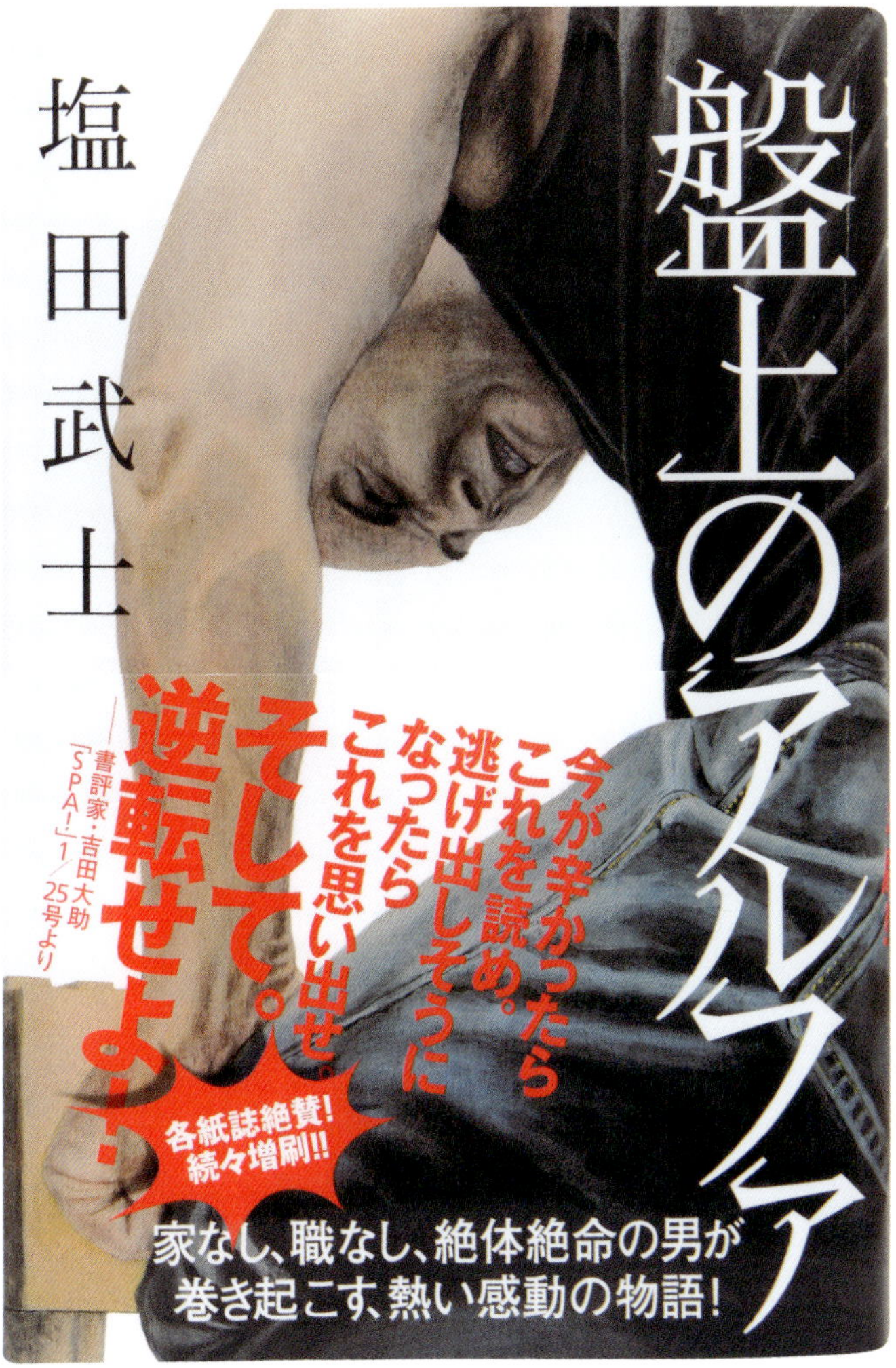
盤上のアルファ
塩田武士
今が辛かったら
これを読め。
逃げ出しそうに
なったら
これを思い出せ。
そして。
逆転せよ!!
——書評家・吉田大助
「SPA!」1/25号より
各紙誌絶賛!
続々増刷!!
家なし、職なし、絶体絶命の男が
巻き起こす、熱い感動の物語!

クローバー

けっこう異例のアプローチを試みて出来上がった一冊です。若者たちの瑞々しい日常を綴った恋愛小説で、読んだ瞬間、なぜか、その少し前まで事務所の近くにあった、minä perhonen（ミナ ペルホネン）というショップのウインドウディスプレイに飾られていた洋服やら鞄を思い出しました。私自身は、ファッションってあまり関心があるほうではありませんが、たまたまです。

ここの製品は一見、北欧テイストの、ストイックでちょっとロハスな様相でありながら、新しい感性が常にあって、見るたびに発見がありました。安易な挑発にたやすく迎合してしまうような、要するに、単なる消費ではない、物を所有することの必然と喜びが、バランスよくデザインされています。そういうリスペクトもあって、この本ではクローバーがあしらわれたバッグを装画に使用させていただきました。

クローバーは、複数の緑系の皮のテクスチャー（生地）をくり抜いてできていて、ちょっと黒っぽいクローバーはワニ皮だったと思います。タイトルのタイポグラフィは、このバッグに文字を入れるなら、もうこれしかないでしょう。

島本理生
『クローバー』
角川書店
2007.11／¥1300
素材提供―minä perhonen
撮影―髙橋和海

クローバー
島本理生
世界はうつろい、
大切なものさえ
変わってゆく——
それでも、
一緒に
いたいよ。
「この恋愛小説がすごい!」2006年版第1位
角川書店
『ナラタージュ』から2年半。島本理生が放つ待望の恋愛長編!!

ばななブレイク

身近な人から有名人まで、ばななさんが、様々な人たちから日々受ける刺激や共感について綴ったコラム集です。

タイトルはコーヒーブレイクならぬ、ばななブレイクというわけで、人生それぞれあるなかの、ふとした休憩、いろんな人とお茶を飲んで過ごすちょっとした時間のことですね。

いろんな人に会って、いろんな価値観に触れたときの光が差してくる感じ、前途が明るくなった感じ、改めて理解できたとか、共感できる喜びを「光」で表現したいと思い、写真家山本真人氏の作品をお借りし、十数枚組み合わせて作成しました。

白地のボール紙に光を当てて撮影されたものだと思うのですが、デジタルでなくフィルムによる撮影のため、現像やプリントのコンディションによって、微妙に青味、赤味、黄味とそれぞれに調子が異なってくるんですね。それが面白くて、わざとその違いを強調させるような、調子の差がよくわかるような配置にしています。単純な光のコンポジションなのに、なぜか気分が高揚してくるような、そんな感じがするので

吉本ばなな
『ばななブレイク』
幻冬舎
2000.10／¥1300
カバー写真──山本真人

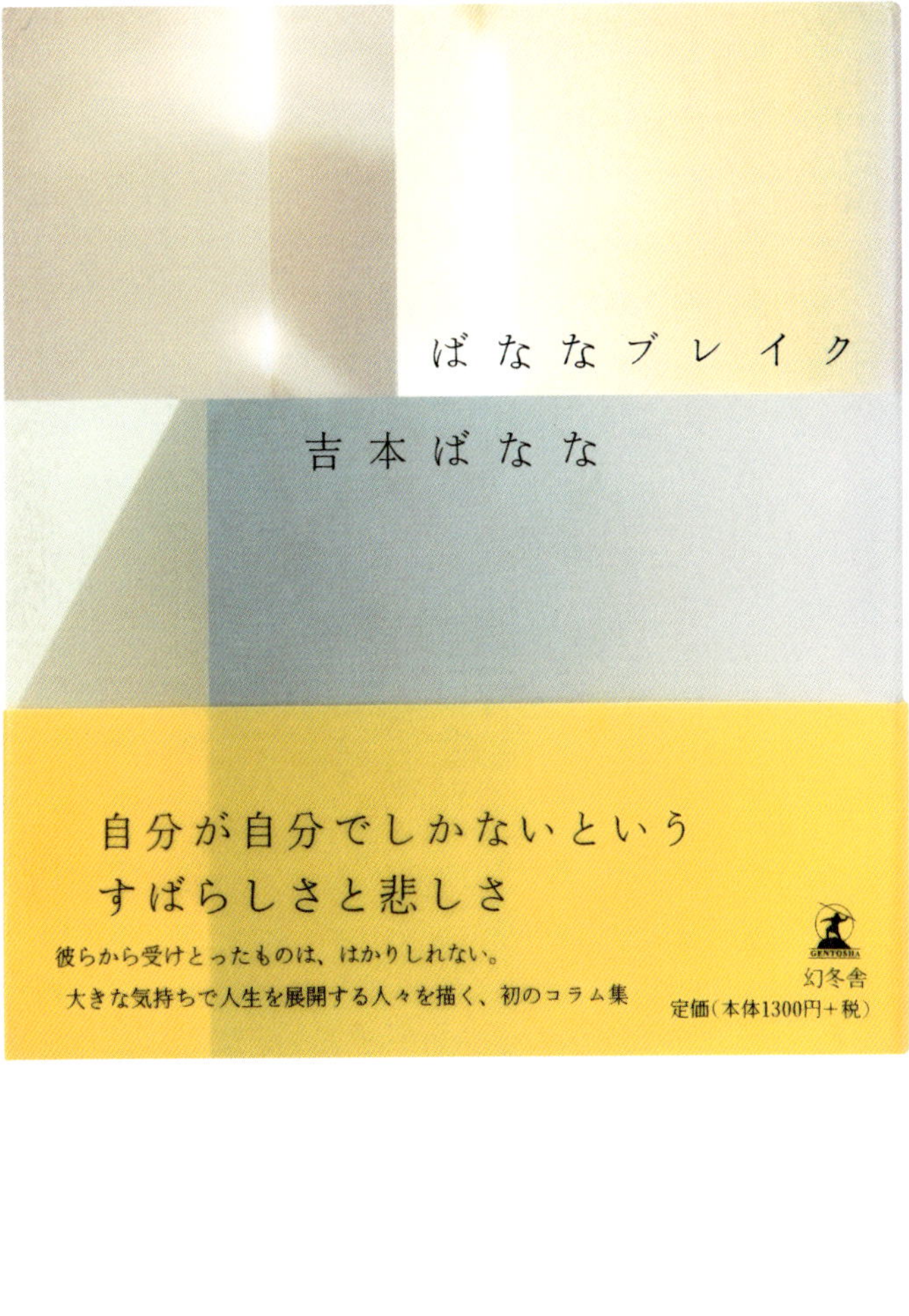
ばななブレイク
吉本ばなな
自分が自分でしかないという
すばらしさと悲しさ
彼らから受けとったものは、はかりしれない。
大きな気持ちで人生を展開する人々を描く、初のコラム集
GENTOSHA
幻冬舎
定価（本体1300円＋税）

すが、どうでしょう?

「ブレイク（休憩）」にして、タイトルがデカデカあるのは論外で、やはりちょっとした時間の隙間であるような見せ方——あくまで控えめながら、組み合わされた写真の境界に沿わせることによって、全体の印象を強化するよう配置しています。

本にとってのタイトルは、舞台における役者のようなものです。タイトルをデザインすることは、読者（観客）に語りかけるための役者の「声」を演出するのに似ています。想定される声は、俳優の役作りさながら、大きくしたり、小さくしたり——「サイズ」、どの位置に立たせるかなど——「レイアウト」、著者の性別や年齢、感情、場合によっては国籍——「タイプフェイス」、それらを考慮して演出するわけです。

そうすると装画というのは舞台装置ということになりますね……。本を舞台の比喩で言うと大変わかりやすい！

自分へのごほうび

住吉美紀
『自分へのごほうび』
幻冬舎
2009.3／¥1300

「プロフェッショナル　仕事の流儀」に出演した際、アナウンサーの住吉美紀さんから、「私が本を出すときは装丁をぜひ！」とお願いされまして、「はい、喜んで」という、そういう場でよく交わされる社交辞令がちゃんと実現したケースです（笑）。

住吉さんなりのストレス解消法や自分応援グッズなどが50アイテムほど紹介されています。「よかったら皆さんも試してみてください」という内容なので、装丁は「読者へのプレゼント」みたいにならないかな、ということでやってみました。

本が完成したのは3月でしたが、仕込みは2月に行っており、まさに世の中はバレンタイン商戦真っ直中。これ幸いと、プレゼント用のパッケージ・リサーチのため、担当のアシスタント（男）を街のスイーツ屋に走らせ、20～30種類購入してきてもらいました。女性で溢れる店先で、大量のスイーツを買い込む男がひとり……想像するに、気の毒なことをさせてしまいました（笑）。

装丁は研究結果を踏まえ、4つのパターンによるコンポジションです。

How to treat myself How to treat myself How to treat myself How to treat myself How to treat
住吉美紀
Sumiyoshi Miki
How to treat myself
自分へのごほうび
毎日の自分応援エッセイ
がんばった自分に。
えらかった自分に。
つかれちゃった自分に。
幻冬舎
GENTOSHA
定価(本体1300円+税)
スイーツ、アロマ、エステ、お取り寄せ……日常は、ホクホクな幸せでいっぱいだ!

『ばななブレイク』と手法が似てなくもないですが、こちらは「贈り物のパッケージ」のつもりでデザインしています。左上はシンプルに赤。右上は赤い箔でピカピカに。右下の花柄は、ウィリアム・モリスのパターン集から——花柄は女子のハートをガッチリ摑む必須アイテムです。左下は、本文の中にクリムトの絵のことが出てくるので、クリムトの絵の中にあったパターンをリデザインしています。

タイトル部はこのパッケージにシールを貼付《ちようふ》したかのように入れています。リボンは実物を撮影して（これもユザワヤあたりで20種類くらい購入した中のひとつ）、その写真上に英文タイトルを、あたかもリボンに文字が印刷されているかのようにパソコン上で載せました。

「もらってうれしいプレゼント」を書籍という形態に当てはめてみたわけです。

しかしながらここだけの話、この本をやる前までは、あまり好ましくない言葉の上位にこの「自分へのごほうび」があったのですが（……住吉さん、ごめんなさい）、皮肉にも仕事とはいえ、なんとまあ惜しげもなく華美な演出をしたものです。

憂鬱でなければ、仕事じゃない 他

対談本、4冊です。今回はやや客観的に、というか自嘲気味に、自分のデザインのクセに踏み込んでみたいと思います。

まず、ツーショット写真に対する処理です。『憂鬱――』と『すこやか――』に見られますが、写真の外に取った白枠ですね。ご丁寧にもどういうわけか両方1cmです。どちらの写真も、面と向かった目線ありのツーショットなのですが、これがなんだか、どーにも落ち着かない。パッと見、「重い」と感じてしまう。二つの異なる主張を同時に聞き入れなければならないような……。キャラが加算されて重量が増すような、根本的な「重さの混在」というか……。

白枠は、これをどうにか組み伏せる手段はないものか、と考えた末の答えでした。もし余白を取らずカバーいっぱいに裁ち落としで使用すると、さらに写真の重さを強調してしまうようで、いたたまれない。白枠の内側に隔離するような感覚です。

……と、言いながら次に挙げた『哲学の自然』と『競争力』では、白枠問題と明らかに矛盾してますね。一貫性がありません。『哲学――』では堂々と裁ち落としにしてい

見城徹／藤田晋
『憂鬱でなければ、仕事じゃない』
講談社
2011. 6／¥1300
撮影―篠山紀信
題字―見城 徹

桜井章一／よしもとばなな
『すこやかな生き方のすすめ』
廣済堂出版
2011. 11／¥1300
撮影―北村泰弘

藤田晋
サイバーエージェント代表取締役社長
見城徹
幻冬舎代表取締役社長
憂鬱でなければ、仕事じゃない
小さなことにくよくよしないで、大きな仕事ができるわけがない。
「極端」こそわが命。憂鬱なことが三つ以上ないと不安になる見城徹と、たぎる情熱をクールなオブラートに包んで激しくスウィングする藤田晋——。ふたつの魂が交錯した瞬間、とてつもないビジネスマンの聖書《バイブル》が誕生した！
講談社
何が大切で、何が無駄か?
あなたの臓腑をえぐる35の言葉

すこやかな生き方のすすめ
桜井章一
伝説の勝負師と言葉の名手が語る
生きること、死ぬこと、男と女のこと……。
困難な時代をやわらかく生き抜くための
初にして待望の対話集
よしもとばなな

るし、『競争力』ではご両者を切り抜いてしまって、デザインのためのまるで部品のような扱いです。

もうひとつ『憂鬱——』と『すこやか——』の共通点として、用紙と表面加工の一致が挙げられます。用紙はインクの再現性のみに特化した極めてフラットな表面のコート紙で、印刷後の表面にはツヤのある薄い皮膜であるＰＰ（ポリプロピレン）加工を施しています。

特に写真再現では、この用紙とＰＰのセットは醸し出すイメージの明快さとコストパフォーマンスにおいて常にテッパンであり続けています。反面、「よくやる手」として揶揄したくなるのも事実です。このテッパン・セットを『憂鬱——』と『すこやか——』では、なぜ選択したのか？　そこには過去にそれ以外の選択をしたがゆえの、失敗とまでは言わずとも、伝わらなかった曖昧な芸術性（笑）への反省があります。「高い紙を使ったからといってそう受けるわけでもない」という、ある種の敗北感と諦念です。それを想起させたのでしょう、この2冊ではほぼ自動的にその選択を行っています。

……と、言いながら『哲学——』では全く別の選択をしています。やはりここでも一貫していなくて恐縮ですが、このあたりの無意識の選択とそうではない部分に私なりの習慣性が見え隠れしている気がします。

中沢新一／國分功一郎
『哲学の自然』
太田出版
2013.3／¥1600
撮影—田村昌裕

三木谷浩史／三木谷良一
『競争力』
講談社
2013.9／¥1300
撮影—野口 博（フラワーズ）

哲学の自然
中沢新一
國分功一郎
3・11以降の新しい「自然哲学」は、哲学の自然を取り戻す試みであり、動植物の利害も含めた民主主義（まさに「どんぐりと民主主義」！）を目指す運動である。

競争力
ルールを破壊せよ。
日本は復活する。
三木谷浩史
三木谷良一
イノベーション、規制撤廃、教育、金融財政政策……すべての処方箋を、経済学者である父と徹底討論した日本人必読の一冊
講談社

安部公房とわたし

安部公房没後20年という節目、女優山口果林による、師であり伴侶であった安部公房との30年間を綴った赤裸々な手記です。

ノーベル文学賞の候補者でもあった作家の名誉のために、スキャンダルを無かったこととして黙殺されてきた女優の、自身の失われた過去を取り戻すかのような内容は、まるで報告書のような淡々としたその文体ゆえに心揺さぶるものがあります。

装画はご本人の所有する写真をお借りしました。もちろん、誰が撮ったとは決して言えない代物です。すでにセピア化した候補の数十枚から、カバー用に選ぶ作業の中で、撮影者と被写体から漂う親密さは、赤面するのを超えて、なぜか嫉妬を覚えるほどでした。かつて存在したであろう濃密な時間がそこには生々しいまでに写っています。それはワイドショー的な下世話さから一転して、時を超えた、男女のかけがえのない瞬間として多くの人に共有されるものだと確信しました。

帯を外すと現れる、その文体を示すような静粛な字配り（☛）は、装画写真の無邪気さとの対比によって、再生への意志が伝われば、という思いからです。

山口果林
『安部公房とわたし』
講談社
2013. 7 / ¥1500

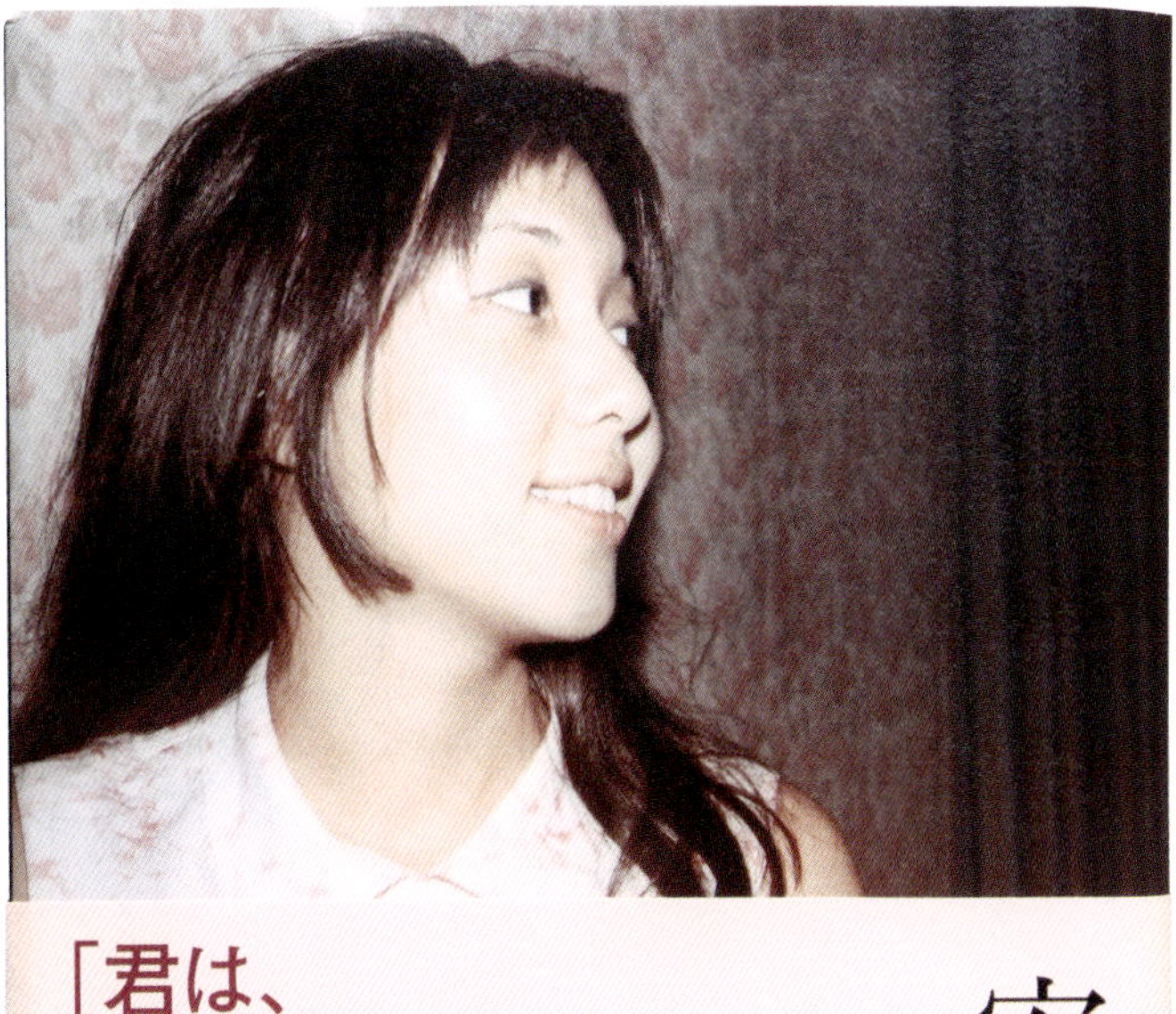
安部公房とわたし
山口果林
「君は、
僕の足もとを
照らしてくれる
光なんだ——」
その作家は、
夫人と別居して
女優との生活を選んだ。
没後20年、
初めて明かされる
文豪の「愛と死」。
講談社

野蛮人の図書室

書評本の装丁は、悩ましい分野のひとつです。

取り上げた本の書影を並べるとか、本棚に差した状態、横に寝かして積んだ状態など、いずれも「書評しましたよ」という事実を示すビジュアルとして間違いではありませんが、どうしても似たようになってしまいます。

本書の場合、タイトルに「野蛮」「図書室」という相反する要素が入っています。これが装丁家のつけ入るわずかな隙で、ビジュアルも相反する要素をぶつけてみようと思い、図書室という整然とした空間を赤でべったり塗りつぶしています。

この場合、赤い色面処理によって逆説的に白ふちが現れることになります。

前出の白枠問題ではありませんが、「白いふち」には、なにかこう「正す（質す・糺す）」という意味合いがある気がします。額装における白いマットがそうであるように、まず「これは写真ですよ」「見るものですよ」と姿勢、居住まいを正させ注視を促します。それが塗りつぶされた赤ということで、挑発以外の何ものでもないですね。「正しながら挑発する」書物の可能性を読み取ってもらえれば、ということです。

佐藤 優
『野蛮人の図書室』
講談社
2011.11／¥1300

野蛮人の図書室

佐藤優

何者かに
騙されないで
生きるために。

今あなたに
必要十分な
「教養」が身につく
画期的ブックガイド。

講談社

時事ネタ嫌い

ジャズミュージシャンの著者による時事ネタエッセイ集です。

この本の場合、タイトルがけっこう強いため、現実の時事ネタのビジュアルだとキツイものになってしまうので、匂わす程度のものはないかとかなり悩みました。

本の中に「伊勢丹新宿本店」が何度か出てくるのと、この本自体が時事ネタのデパートでもある、というなかばこじつけもあって、伊勢丹をネタにやってみよう、と考えたのですが、問題はどう見せるかです。単に写真を撮ってそのまま使ったって面白くないどころか、ただの間違いにしか見えません。あくまで伊勢丹は手がかりとして、どうしたらいいか？

実際に伊勢丹に行ってみたとき、新宿三丁目の交差点から見た建物の形が、本を90°に開いて立てた状態に見えなくもないなとひらめき、ここから何かになるんじゃないか、と確信めいてきたわけです。

それでまず、建物の外観を写真に撮って、本のカバーのサイズにはめ込んでみました。本の背が、交差点の角の折れ曲がる部分になるように。

菊地成孔
『時事ネタ嫌い』
イースト・プレス
2013.9／¥1600
題字―菊地成孔

時事ネタ嫌い

Kikuchi Naruyoshi
菊地成孔

菊地成孔が、
過去と現在を、
痛みと笑いで横断するエッセイ集。

伊勢丹の外観

①色面

②色面＋文字

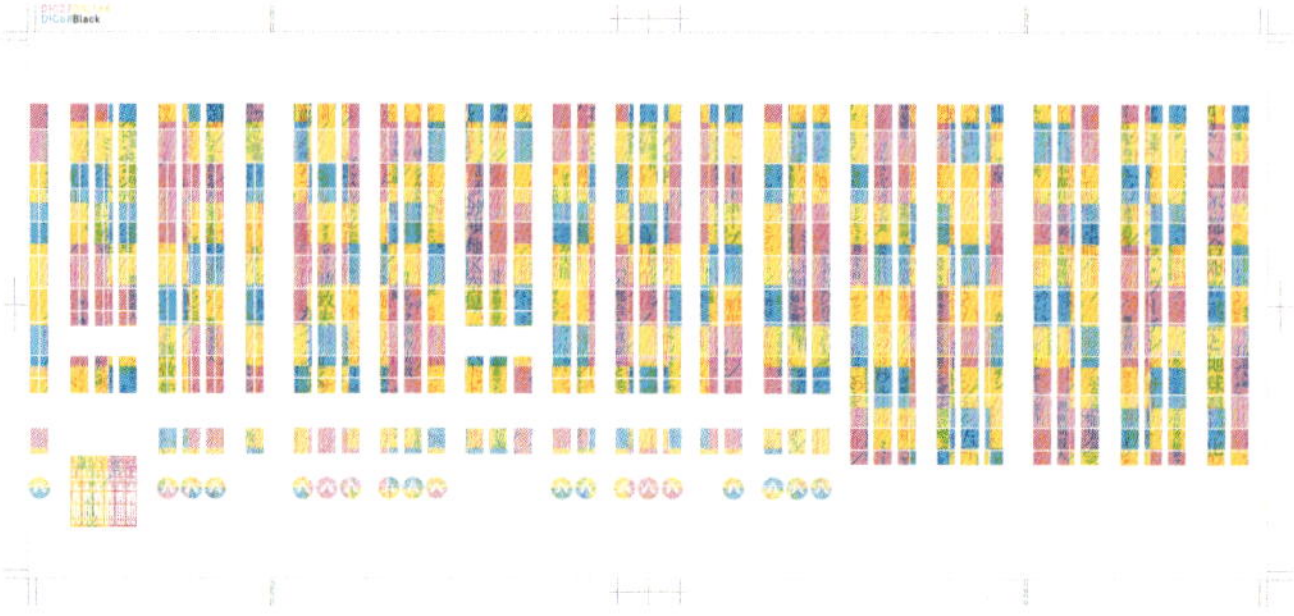

③色面＋文字＋窓マスク

この写真（　）は、地面から見上げて縦に窓3列分ずつ、私が順番に撮っていき、合計14カットをパソコン上でパースを取り去って、できるだけ正面から見た感じになるように合成しています。そして、あえて外形を消して、「窓」と「その下の部分」（四角い網と、丸いレリーフ）だけをトレースして柄として残し、その残された「窓」から「時事ネタ」を覗かせるというアイデアです。

デザインは3層のレイヤー構造で、一番下に、黄、赤、青の3色（特色）のパターンを敷き―①、その上に時事ネタの文字列を重ね―②、一番上から、先ほどのトレースした伊勢丹の窓の柄を白いマスクとして覆う―③というやり方です。

カバーを取った「表紙」のほうには、ぎっしり時事ネタを機械的に反復させています（　）。つまりこれが内容で、「カバー」のほうはデパートの外観として、カラフルな窓からいろんな時事ネタがさらにカラフルに見え隠れしているというわけです。

タイトルと著者名は、菊地さんご本人による手書きです。ビジュアルがカラフルなわりにデザインが静的《スタティック》なので、手書き文字が活きるんじゃないかと思いお願いしました。

すべての男は消耗品である。〈Vol.6～12〉

日常雑感から政治、経済、社会、文化、文明と、多岐にわたって独自の視座で時代を読み、警鐘を鳴らしてきた、村上龍氏の強靱な思考の源泉とも言えるエッセイシリーズです。

この「消耗品」シリーズを手掛けるようになったのは1995年の『Vol.4』からです。それまで装丁を担当されていた川上成夫氏から引き継ぐかたちで、その重責にものすごく緊張した覚えがあります。

最初の頃は、川上氏も使われていたイラストレーター安井寿磨子さんの絵――雑誌連載の挿絵を描かれていた、と記憶します――を、私なりのアレンジで装画にしていましたが、この『Vol.6』の頃からでしょうか、絵を使わず、資材（紙の材質）とタイトルの見せ方のバリエーションで作成していくようになりました。ほぼ年1回の刊行にインパクトを与えるには、こういうシンプルで素材感を強調するほうが効果的ではないかという判断です。

いずれにせよ、楽観的に高を括ったかと思えば、一転して挑発的に危機を煽り、あ

村上龍
KKベストセラーズ

『すべての男は消耗品である。Vol.6』
2001.4／¥1380

『置き去りにされる人びと
すべての男は消耗品である。Vol.7』
2003.6／¥1350

『ハバナ・モード
すべての男は消耗品である。Vol.8』
2005.7／¥1500

『すぐそこにある希望
すべての男は消耗品である。Vol.9』
2007.7／¥1500

『すべての男は消耗品である。Vol.10
大不況とパンデミック』
2009.7／¥1500

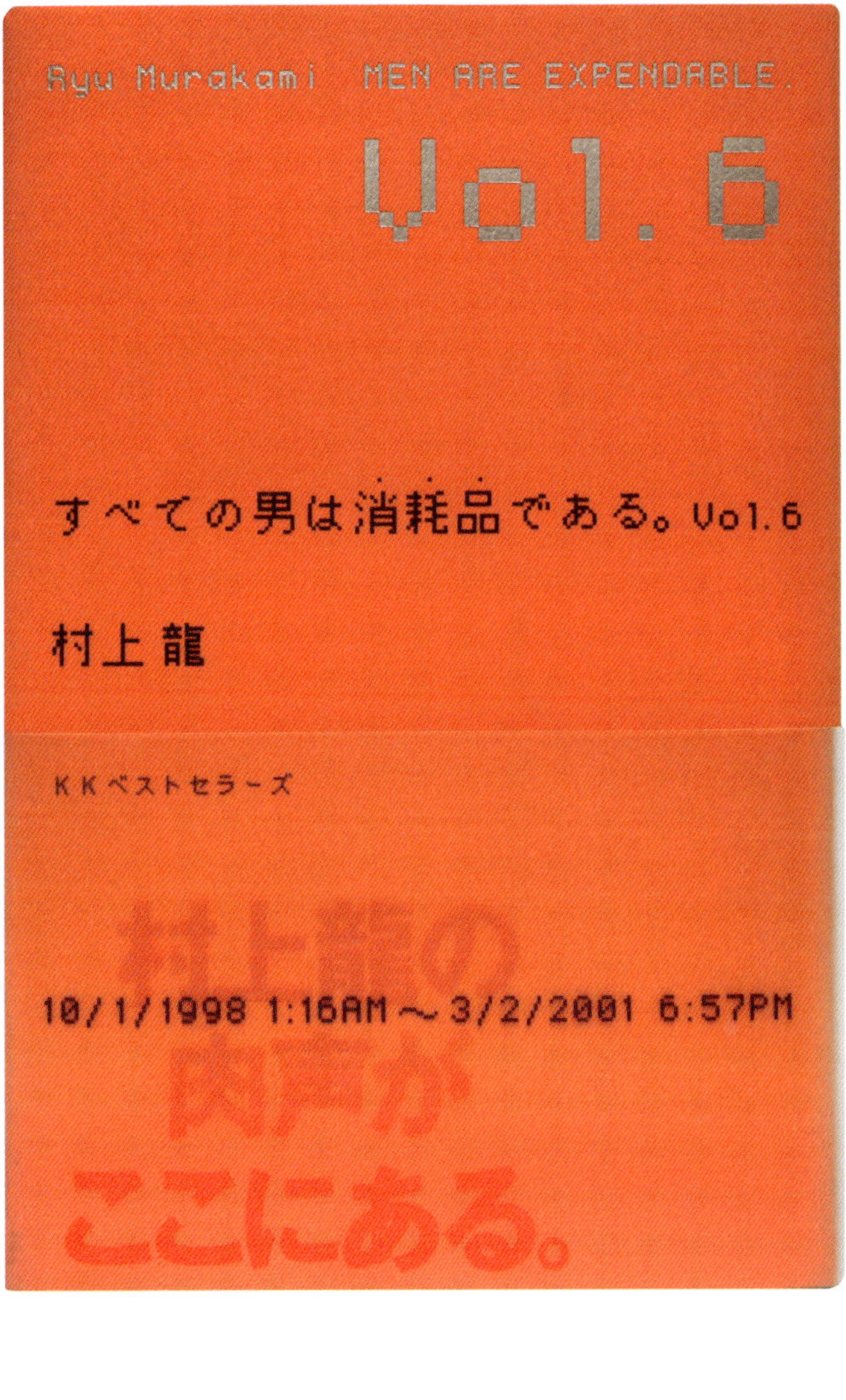
Ryu Murakami MEN ARE EXPENDABLE.
Vol.6
すべての男は消耗品である。Vol.6
村上龍
KKベストセラーズ
村上龍の
10/1/1998 1:16AM～3/2/2001 6:57PM
肉声が
ここにある。

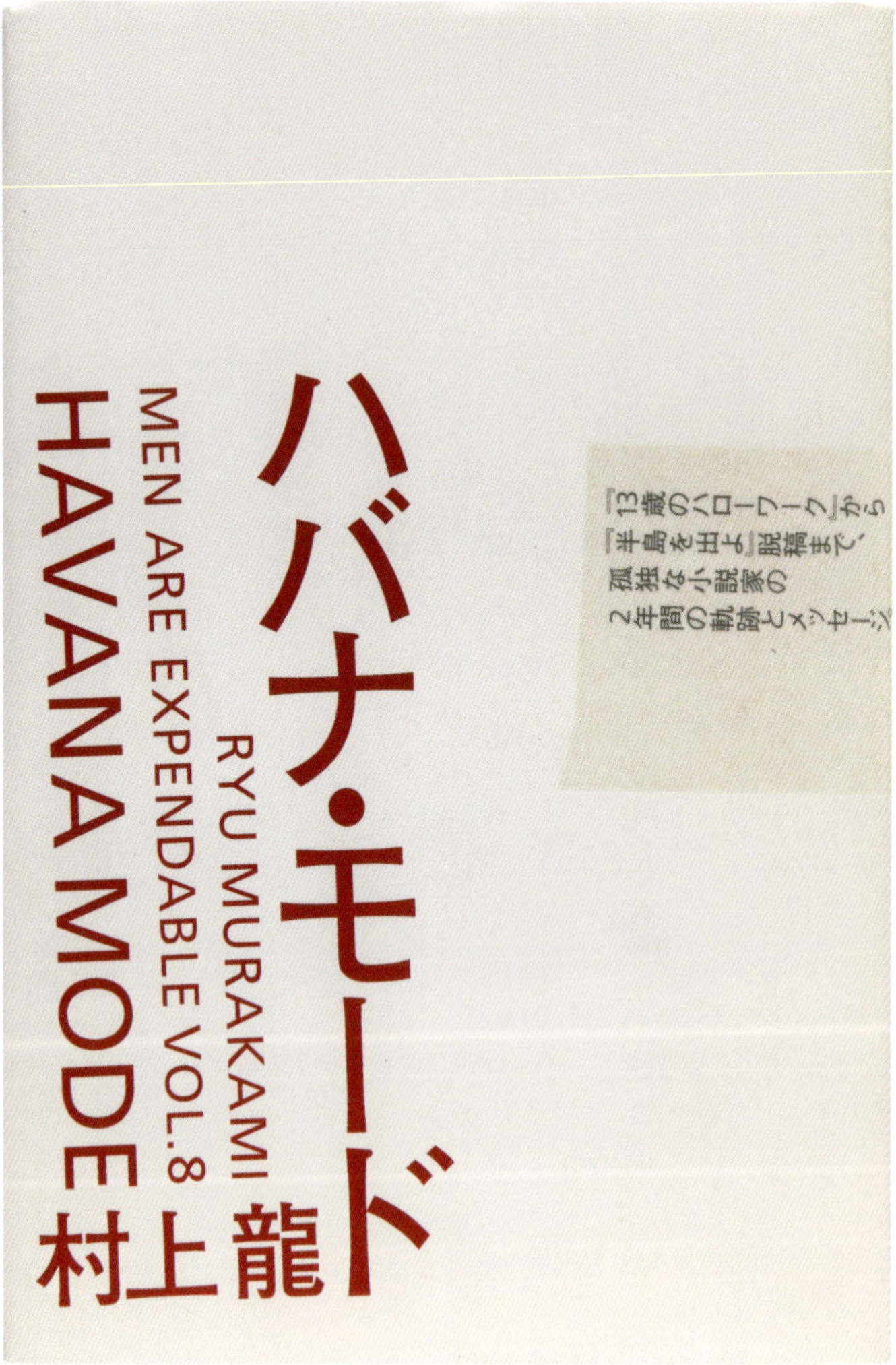
ハバナ・モード
RYU MURAKAMI
MEN ARE EXPENDABLE VOL.8
HAVANA MODE
村上龍
『13歳のハローワーク』から
『半島を出よ』脱稿まで、
孤独な小説家の
2年間の軌跡とメッセージ

るときは諦観したり……。読者との付かず離れずの絶妙な間《ま》の取り方というか、読者から見れば氏の言動は気になってしょうがない、そういう独自の「引力」みたいなものを表現できないかということです。

村上龍という一匹狼的な孤高のイメージ、尖った感じを、資材と加工でどう表現するか、というのが課題であり続けました。村上氏リスペクトの編集者からも「村上さんだからこそやれる過激さ」を求められていて、一回やったような何かしらでは駄目なわけです。普通嫌がられる特殊な用紙や加工は、むしろ喜ばれるくらいの、やや酔狂気味な（失礼、冒険好きな）担当編集者です。

『Vol.6』の書名、著者名、本文見出し文字は当時のパソコンに表示されていたメールの画面を拡大して使用しています。『Vol.7』の書名は、黒地の帯の上に黒のツヤ箔で書かれています（☛）。『Vol.8』（右ページ）は帯がなく、その代わりに透明のガムテープを乱暴に貼り付けたような効果を狙い、バーコ印刷（透明のUVインクによる盛り上げ加工）の下に通常帯に入れるべき惹句があります。『Vol.9』は金の箔押しでカバーを不定形にふち取りしています（☛）。『Vol.9』も『Vol.10』もどちらも帯は付けていません。

このシリーズの2010年の『逃げる中高年、欲望のない若者たち』からは、冠していた「すべての男――」は外され、帯に村上さんの写真が入り始めました。当初はカバー

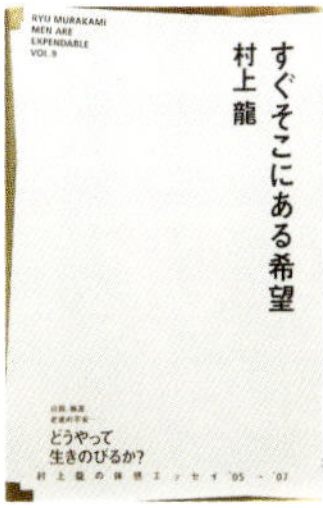

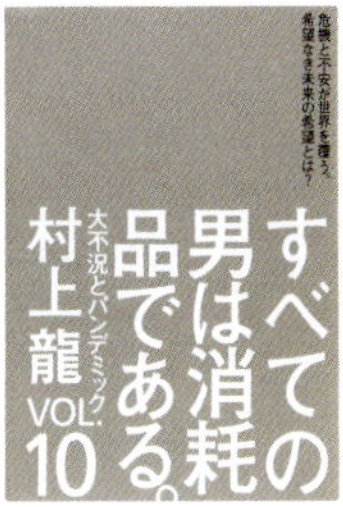

をハズした表紙に村上さんの写真を入れていましたが、それをなぜ帯に移動させたかと言えば、いつの間にかなっていた……。おそらく「カンブリア宮殿」での村上さんの印象が強くなっていたためか、ストレートに「村上龍の発言」とわかったほうが良いという判断です。年毎に顔に刻まれる年輪は同時に、語られる言葉の重みをも示唆しているようではあります。

村上龍
KKベストセラーズ

『逃げる中高年、欲望のない若者たち』
2010.11／¥1300
帯写真―近藤 篤

『櫻の樹の下には瓦礫が埋まっている。』
2012.5／¥1300
カバー写真―村上 龍
帯写真―近藤 篤

空白の五マイル 他

「開高健ノンフィクション大賞」受賞作の装丁を、2009年の中村安希氏『インパラの朝』(第7回受賞作)から続けています。第11回までの受賞作と次点作も数冊担当させていただいて、毎年の恒例になりつつあります。

とりわけ2010年に受賞した角幡唯介氏の『空白の五マイル』は、その後、立て続けに「大宅壮一ノンフィクション賞」と「梅棹忠夫山と探検文学賞」の計3賞を受賞し、著者への注目度が俄然高まったことによって、刊行されていなかった前作『雪男は向こうからやって来た』(前年2009年の開高健賞応募作)も世に出ることになり(こちらは新田次郎文学賞受賞)、さらに2012年の『アグルーカの行方』は「講談社ノンフィクション賞」受賞とまあ、まさに総ナメな、破竹の勢いの著者であります。

『空白―』は、チベットにある世界最大の峡谷「ツアンポー峡谷」に残された人跡未踏の空白地帯への探検記、『雪男―』はヒマラヤでの雪男探索記です。

3作目の『アグルーカ―』は、1850年代に、北極の商業航路発見を果たせず

空白の五マイル
チベット、世界最大のツアンポー峡谷に挑む
角幡唯介
この人は抜けた、と言える力──崔 洋一氏
山岳ノンフィクションとしては、間違いなく一級品の折り紙──佐野眞一氏
グーグル・アースの時代に探検をすることそのものへの問いかけ──重松 清氏
意外な成り行きがまさに「現代の冒険」──田中優子氏
自らを批評的に振り返る視点も優れていた──茂木健一郎氏
選考委員 選評より
2010年第八回開高健ノンフィクション賞受賞!
集英社 定価1680円 本体1600円

角幡唯介
『空白の五マイル』
集英社
2010.11／¥1600
写真―角幡唯介

129人が全滅したとされる、英国フラクリン隊と同じ経路（壮絶徒歩行1600キロ！）を同行者と二人で実際に辿ろうという北極探検記です。ちなみにタイトルの「アグルーカ」は、全滅したフランクリン隊の中でただひとり生き残ったとされる人物です。

著者は元新聞記者だけあって、歴史的資料や過去の事例、証言の検証、関係者への取材が豊富で、読者は徐々に、著者によって探検の必然性に向かって誘導され、いつの間にかその冒険に立ち会っているような気にさせられます。探検への動機がすっかり共有されると、「さあ、行けー！カクハターっ！」ってことになります（笑）。

装画の写真はいずれも著者撮影のもの（『アグルーカ―』のみ同行者撮影）です。『空白―』の黒い地に刷り込まれているのは、彼が現場で使用していたボロボロの地図に書き込まれていたメモで、各地点での特徴などが記されています。タイトル処理は、未踏の、記録されていないという欠落感からの発想ですが、自然によって風化したような処理を施しています。

『雪男―』のほうは、降る雪に遮られながら見えてくる、ある種ファンタジックな様相をあえて狙いました。普通ならこういうファンタジーは少々恥ずかしくもあります

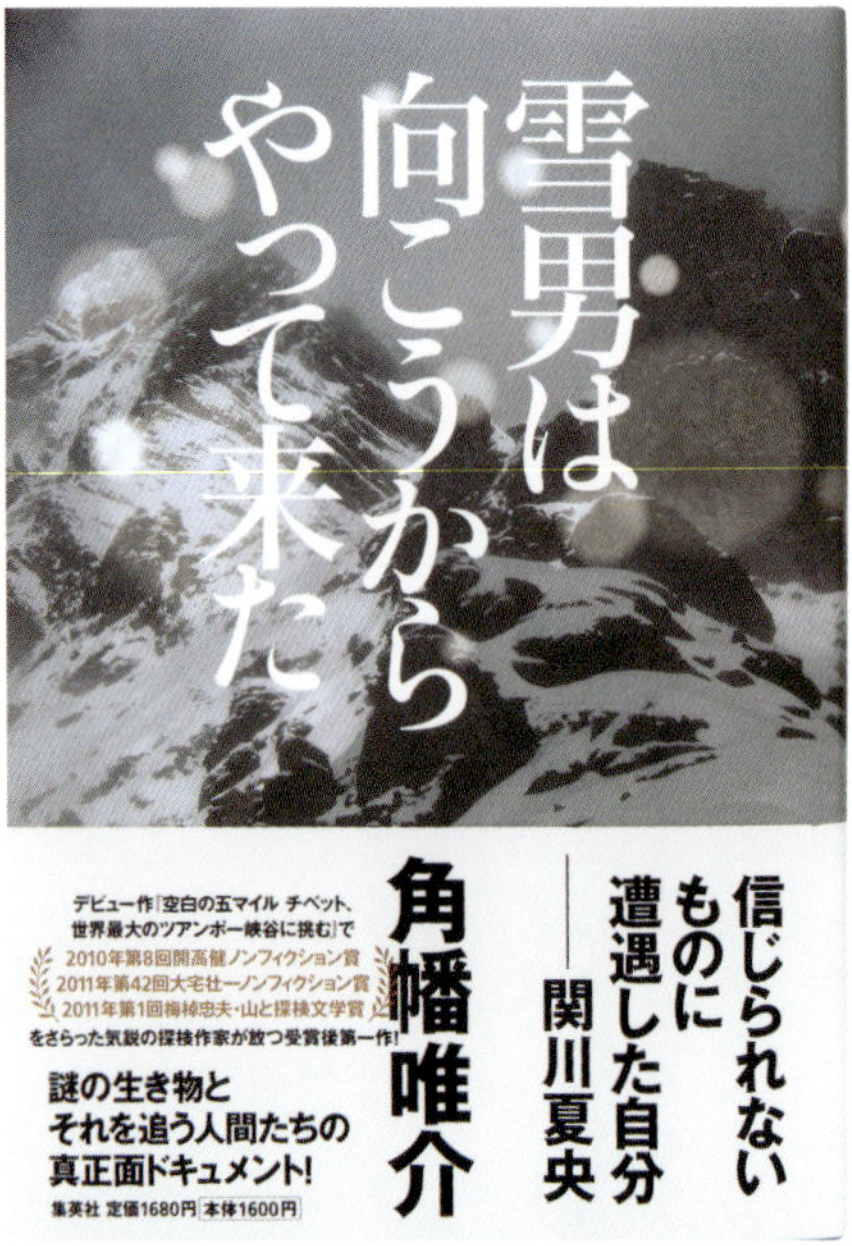
雪男は向こうからやって来た
信じられないものに遭遇した自分
——関川夏央
角幡唯介
デビュー作『空白の五マイル チベット、世界最大のツアンポー峡谷に挑む』で
2010年第8回開高健ノンフィクション賞
2011年第42回大宅壮一ノンフィクション賞
2011年第1回梅棹忠夫・山と探検文学賞
をさらった気鋭の探検作家が放つ受賞後第一作!
謎の生き物と
それを追う人間たちの
真正面ドキュメント!
集英社 定価1680円 本体1600円

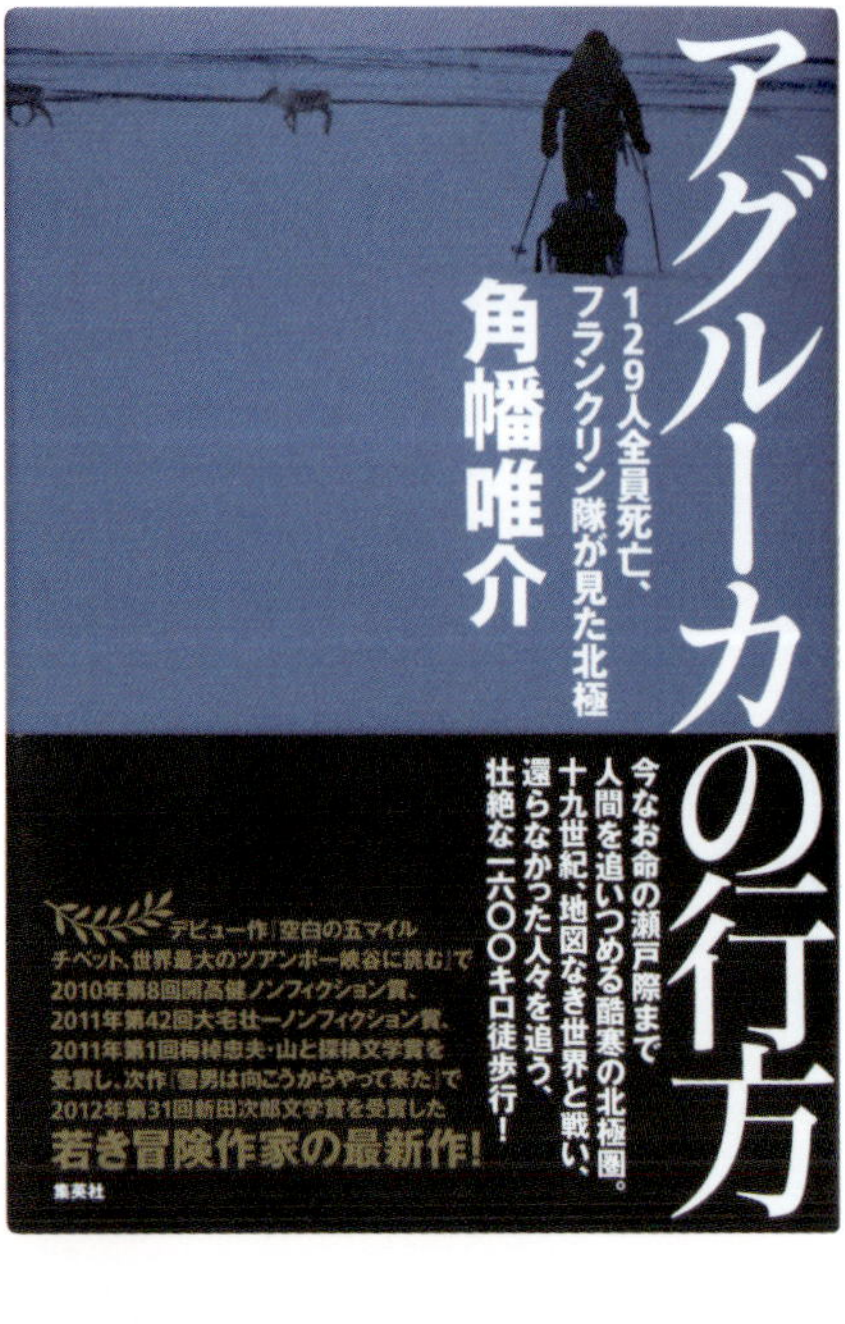
アグルーカの行方
129人全員死亡、
フランクリン隊が見た北極
角幡唯介
今なお命の瀬戸際まで
人間を追いつめる酷寒の北極圏。
十九世紀、地図なき世界と戦い、
還らなかった人々を追う、
壮絶な一六〇〇キロ徒歩行!
デビュー作『空白の五マイル
チベット、世界最大のツアンポー峡谷に挑む』で
2010年第8回開高健ノンフィクション賞、
2011年第42回大宅壮一ノンフィクション賞、
2011年第1回梅棹忠夫・山と探検文学賞
を受賞し、次作『雪男は向こうからやって来た』で
2012年第31回新田次郎文学賞を受賞した
若き冒険作家の最新作!
集英社

角幡唯介
集英社

『雪男は向こうからやって来た』
2011.8／¥1600
写真―角幡唯介

『アグルーカの行方』
2012.9／¥1800
写真―荻田泰永

が、この真っ直ぐすぎるタイトルならありかなと。まだ見ぬ雪男をひたむきに追うその果てに、やがてフッと現れる？……というイメージでしょうか。

『アグルーカー』は、400ページにもおよぶ苦難の連続――物資を積んだ橇の行く手を阻む乱氷帯、テントに忍び寄る北極熊、極寒、疲労など、想像して余りある過酷な現実を、彼の筆力はまるで文中で牽く橇のように、余すところなくグイグイ読ませてくれます。ただ筆力はともかく現場の撮影力が……。命にかかわるような現場なので、プロのカメラマンはさすがに同行できないでしょうし、しかたないのですが、せっかく苦境に立たされているのに（失礼）、撮られた写真は、晴れ渡った青空の下、やたら健康的だったりで、なかなか装丁には使いづらい……。

結局いたってシンプルに、見晴るかす雪原を大きく取ることにしました。杳《よう》として知れない「アグルーカの行方」をひたすら追い求めるカクハタです。夕暮れ時の一番ミステリアスなカットでした。

ゴーマニズム宣言 SPECIALシリーズ

小林よしのり氏の著書は、物議を醸すことが前提になっていて（笑）、そうしたテーマに挑み続ける氏の覚悟は並大抵ではなく、その溢れんばかりの圧倒的なエネルギーをどう表現するか？ ビジュアルで期待に応えることができるのか？ それに尽きます。

『国防論』では絵を排除して、タイトルだけで「鉄壁」を表現しています。タイトルをできるだけ重厚に、存在感のある鋼鉄のようなイメージになるよう、まずこちらでデザインした文字をＣＧで立体化してもらいました。

このタイトル文字にはひと工夫あって、ご覧のようにツヤのある黒箔を立体文字の内側の上面にだけ施しています（☛）。下からライトアップしているような印象になりますよね。普通なら立体文字の「前面」に箔押しして光らせるのでしょうが、あえて、前面はマットな黒にすることで文字の奥行きが逆に強調され、一層そのリアリティが出ます。

☛

小林よしのり
『国防論』
小学館
2011.8／¥1700
帯写真―田上順唯
タイトルＣＧ―桑原大介

ゴーマニズム宣言
SPECIAL
国防論
小林よしのり
『軍隊』だから
救えた命
守れる国
『戦争論』
から13年——
国家の要諦、
ここに完結!
小学館
定価1785円 定価1700円

『天皇論』は朝ぼらけの皇居を撮影しました。

夜中の3時に皇居前でカメラマンと待ち合わせ、今か今かの日の出にドキドキしながら撮った、微妙な色合いの皇居二重橋です。

夜明け前のまだ明暗がはっきりしない時間は、光が直接差し込まないため影ができない。そのわずかな時間に露出オーバー気味で撮れば、けっこう「厳かさ」が出るんじゃないかという期待からの発想です。結果、建物の白い壁面がちょっとオレンジっぽくなったりして、想定外の効果も得られました。

『沖縄論』の装画は大竹伸朗氏です。

沖縄の問題は、やはり具体的な絵はむずかしいので、状況を抽象したようなもの――混沌としていて、いろんな思惑が渦巻いているような、カオス的なものを、と大竹氏にゲラをお渡しして、お願いした記憶があります。しかしながら今見ると、どうも「沖縄」「小林よしのり」「大竹伸朗」と、それらの関係を私の中で未消化なまま半ば強引にまとめてしまったような……妙な生っぽさが残っている気がしないでもありません。

『ニセモノ政治家の見分け方』は、2012年の民主党惨敗後に緊急出版されたものです。この結果がどうであれ、装画が語るように、議事堂が瓦解して崩落するような

小林よしのり
小学館

『天皇論』
2009.6／¥1500
カバー写真―髙橋和海

『沖縄論』
2005.6／¥1600
装画―大竹伸朗

ゴーマニズム宣言 SPECIAL
天皇論
小林よしのり
天皇は今日も
あなたのために祈っている。
戦争責任から雅子妃問題まで
広まる誤解と無知を正す、最高の『天皇入門書』登場!
小学館 定価1575円 本体1500円

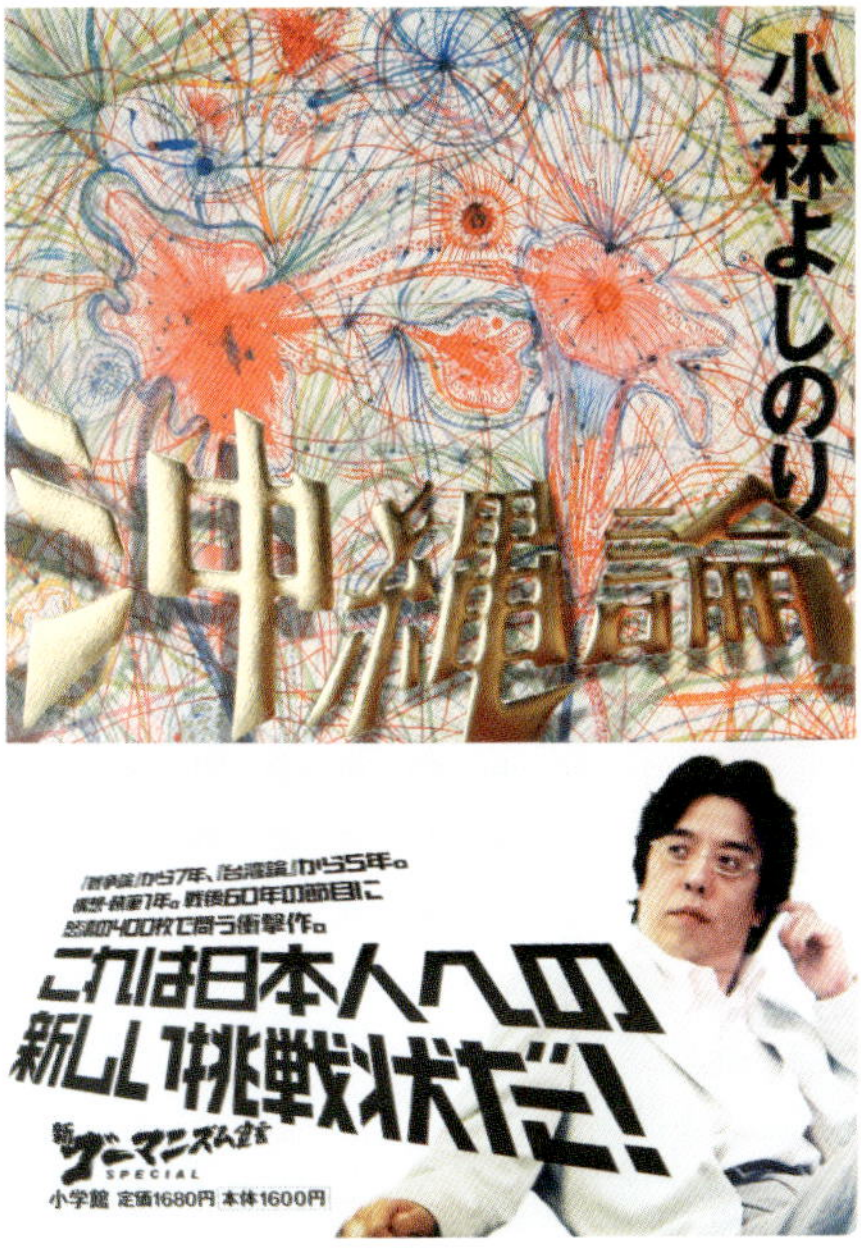
小林よしのり
沖縄論
『戦争論』から7年、『台湾論』から5年。
構想・執筆1年。戦後60年の節目に
怒涛の400枚で問う衝撃作。
これは日本人への
新しい挑戦状だ!
新ゴーマニズム宣言 SPECIAL
小学館 定価1680円 本体1600円

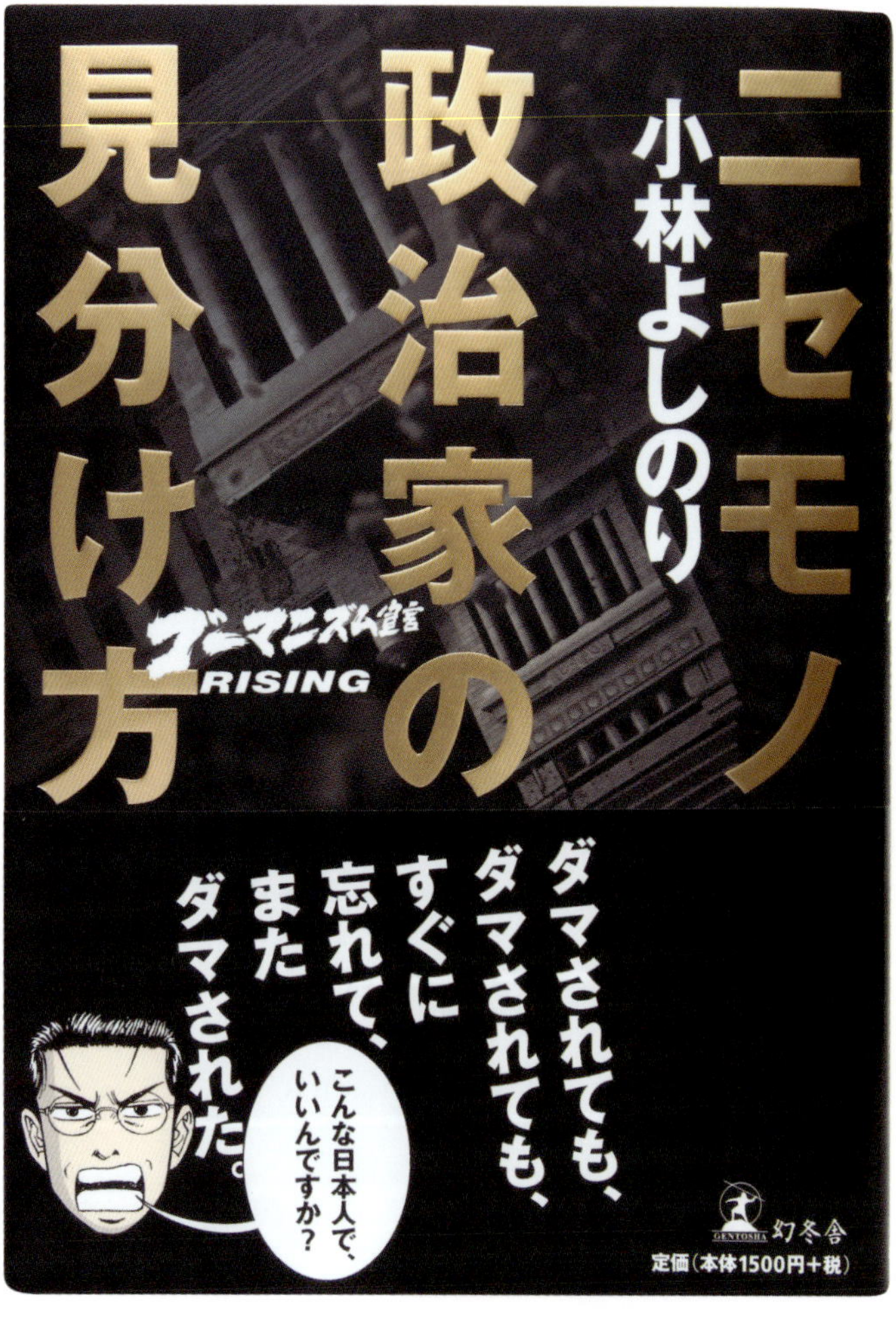
ニセモノ政治家の見分け方
小林よしのり
ゴーマニズム宣言
RISING
ダマされても、
ダマされても、
すぐに
忘れて、
また
ダマされた。
こんな日本人で、
いいんですか？
GENTOSHA
幻冬舎
定価（本体1500円＋税）

小林よしのり
『ニセモノ政治家の見分け方』
幻冬舎
2012.12／￥1500
CG―dske

事態を憂えて、世に警鐘を鳴らすための刊行でした。

これも『国防論』同様、CGは桑原氏によるものですが、その資料集めには極寒の東武ワールドスクウェアに社員を行かせています。なぜかというと、実際の議事堂を撮影しようとすると直ちに警備が飛んでくるらしく、「とても無理」と言うので、やむなくここのミニチュアの議事堂を撮影し、それを基にCGで再現しようと思ったわけです。真上からどうなっているのかとか、壁面の装飾のディテールとか、ネットで調べてもわからない部分がけっこうあります。

東武ワールドスクウェアは私も行ったことがありますが、ここはすごいです。制作者の執念と言うべき世界中の名所名建築が100以上、それぞれに配された人物の総数14万体。25分の1スケールのそれらが所狭しと配されている様は圧巻です。


思えば、1998年の『戦争論』から16年、手を替え品を替えいろいろやってきたものです。書籍以外でも、途中で版元が替わってしまった「わしズム」というのもありましたし、ご存じない諸氏も多いかと思いますが、満島ひかりを表紙にしたために何のムックか不明だったらしく、書店のファッション誌のコーナーに置かれてしまった「前夜」とか……。デザイン要員として長きに亘って贔屓していただいております。

多重人格探偵サイコ（1〜19巻）

自分がほんの駆け出しのデザイナーだった頃、大学の先輩でもあった大塚英志さんはマンガの編集者で、依頼されて何冊か手掛けたことがありました。その後大塚さんは編集者から作家になられて、このシリーズはその大塚さん原作のコミックです。97年からずっと続いており、現在（2014年4月）までに19巻出ています。

毎回カバー用のイラストとして、作画の田島昭宇さんから描き下ろしのイラストが届くのですが、原画は色の薄くて非常に繊細なもので、1巻目で初めてそれを見たとき、内容の過激さとの違和感を覚えて、僭越ながらパソコン上で調子を変えさせていただきました。しかもかなり……。

左ページの、13巻で使用した原画を見ていただくとわかりますが、背景の白をネガポジ反転させることから、それは始まります。私の独断ではありますが、人間の内面の暗闇をテーマにしている以上、全体は、わかりやすく黒でなくてはなりません。この背景の黒に見合うように、画像のコントラストを部分的に強めたり、新たに色を加えたりしています。

大塚英志／田島昭宇
『多重人格探偵サイコ No.13』
角川書店
2008.12／¥580
装画―田島昭宇

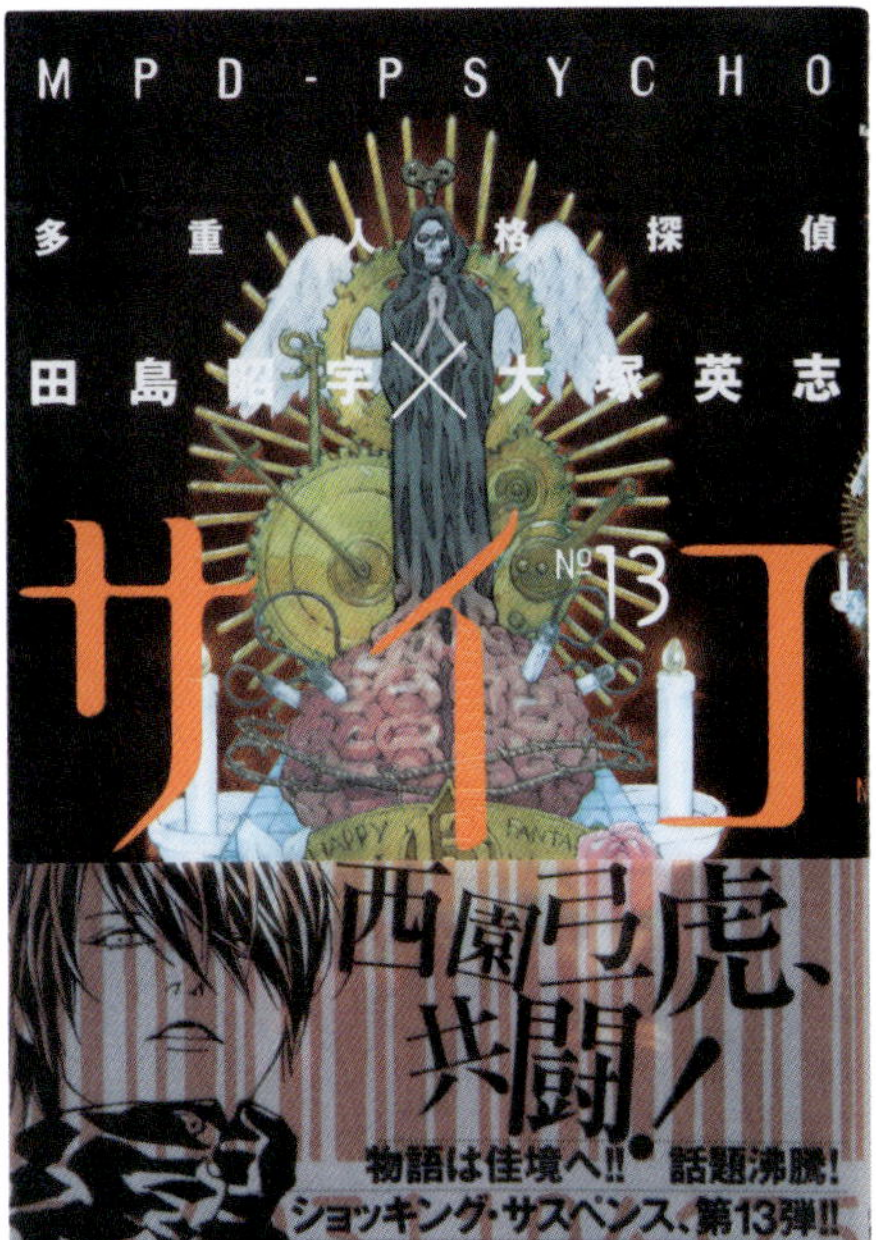
MPD-PSYCHO
多重人格探偵
田島昭宇×大塚英志
サイコ
№13
西園弖虎、
共闘！
物語は佳境へ!!　話題沸騰!
ショッキング・サスペンス、第13弾!!

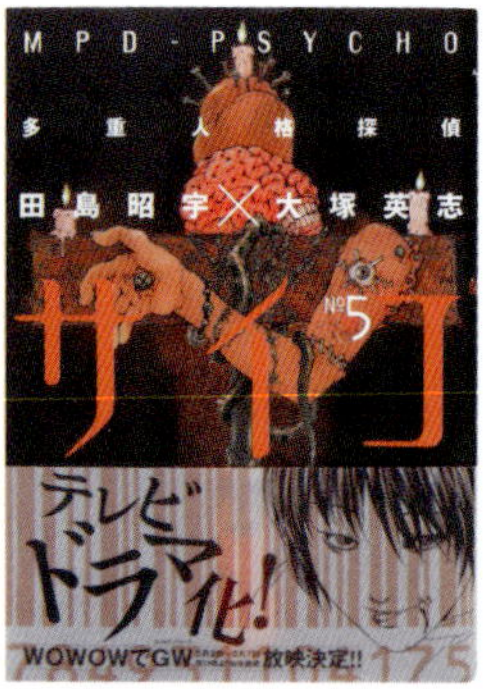
MPD-PSYCHO
多重人格探偵
田島昭宇×大塚英志
サイコ
№5
テレビドラマ化!
WOWOWでGW
放映決定!!
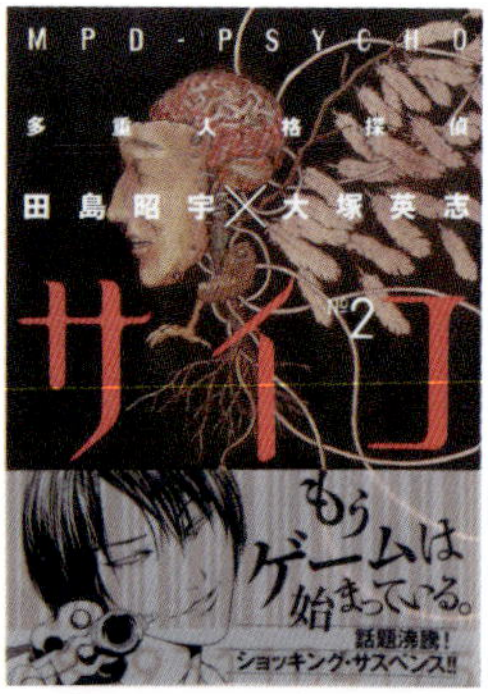
MPD-PSYCHO
多重人格探偵
田島昭宇×大塚英志
サイコ
№2
もうゲームは始まっている。
話題沸騰!
ショッキング・サスペンス!!
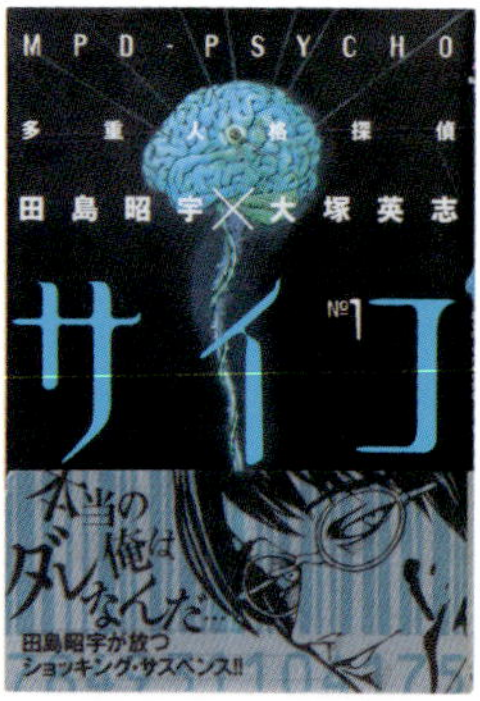
MPD-PSYCHO
多重人格探偵
田島昭宇×大塚英志
サイコ
№1
本当の俺はダレなんだ…
田島昭宇が放つ
ショッキング・サスペンス!!
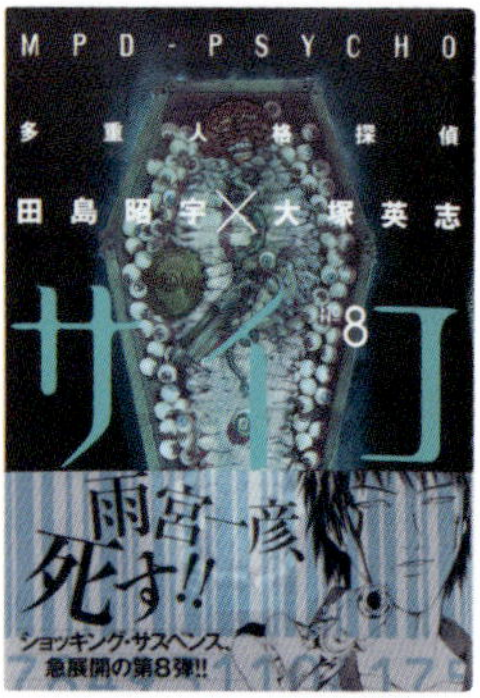
MPD-PSYCHO
多重人格探偵
田島昭宇×大塚英志
サイコ
№8
雨宮一彦、死す!!
ショッキング・サスペンス、
急展開の第8弾!!

MPD-PSYCHO
多重人格探偵
田島昭宇×大塚英志
サイコ
№7
魂は蘇生する。
大人気ショッキング・
サスペンス、第7弾!

MPD-PSYCHO
多重人格探偵
田島昭宇×大塚英志
サイコ
№6
眠り姫が目覚める時間。
話題騒然の
ショッキング・サスペンス、第6弾!

MPD-PSYCHO
多重人格探偵
田島昭宇×大塚英志
サイコ
魂を救出する闘い。
京都決戦決着!
ショッキング・サスペンス17弾!!

MPD-PSYCHO
多重人格探偵
田島昭宇×大塚英志
サイコ
№15
最後の鍵を開ける者。
反ガクソ陣営、ついに決起!
ショッキング・サスペンス、第15弾!!

MPD-PSYCHO
多重人格探偵
田島昭宇×大塚英志
サイコ
№12
衝撃の最終章開始!
磨知と弓虎、いよいよ全面衝突!
話題のショッキング・サスペンス、第12弾!!

色の選択範囲を、脳とか羽とかパーツごとに10種類くらい作り、それぞれのパーツの調子をあえてアンダー寄り（暗め）に作り替えていくことで、猟奇的世界観を各巻のテーマカラーとともに、やや過剰に演出しています。

さらに、このシリーズの持つグロテスクさが触覚的に伝わるよう、特殊加工によって各パーツを盛り上げています。例えば脳であればシワに沿ってボコッとレリーフ状に浮き上がっていて（写真ではわかりにくいのですが）、本を手にしたときにドキッとなるような効果を狙っています。

いずれもシリーズに特徴を与えるための作業ですが、色面の分割と画像のトレースに少なくない労力と時間が費やされています。

第1巻でこの手のコミック本のわりにはかなり過剰に作り込んでしまったのですが、まさかこんなに続くことになろうとは……。もう17年もの長きにわたって、毎度、装画イラストとの格闘を半ば自虐的に余儀なくされています。

大塚英志／田島昭宇
『多重人格探偵サイコ』
角川書店
各¥580
No.1—1997.7
No.2—1998.2
No.5—2000.4
No.6—2000.10
No.7—2001.8
No.8—2002.8
No.12—2008.4
No.15—2010.12
No.17—2012.6

中学生までに読んでおきたい日本文学 他

松田哲夫—編
あすなろ書房
各¥1800

編集者の松田哲夫氏による、主に短編小説で編んだアンソロジーです。シリーズは、第一期「中学生までに読んでおきたい日本文学」（全10冊）、第二期「中学生までに読んでおきたい哲学」（全8冊）、第三期「小学生までに読んでおきたい文学」（全6冊）の三つで構成されています。

シリーズごとにひとりのイラストレーターに装画をお願いしました。それぞれの世界観でまとめるというねらいです。「日本文学」は柳智之さん、「哲学」は田尻真弓さん、「小学生」は山路奈央子さんです。だいたい2ヵ月に1冊のペースで刊行されており、その都度ゲラを読んでもらって、本文中に登場したり、関連するモチーフを数点、自由に描いていただいています。

「日本文学」はやや抽象寄りに、「哲学」は逆に具体的な絵のほうがフックとして効果的ではないでしょうか。「小学生」は、切り刻んだ色面による奔放なコラージュです。三者三様ですが、各巻に充てたテーマカラーと文字配りによってシリーズに統一感を与えています。

『中学生までに読んでおきたい日本文学』
❹お金物語—2010.12
❾食べる話—2011.3
❸おかしい話—2010.12
❶悪人の物語—2010.11
装画—柳 智之

中学生までに読んでおきたい日本文学 9
食べる話
松田哲夫 編
ミートソースか
ナポリタンか？
名作短編が
ぎっしりつまった
1冊！
あすなろ書房
定価（本体1800円＋税）

中学生までに読んでおきたい日本文学 4
お金物語
松田哲夫 編
あれば
いいって
もんじゃない。
名作短編が
ぎっしりつまった
1冊！
あすなろ書房
定価（本体1800円＋税）

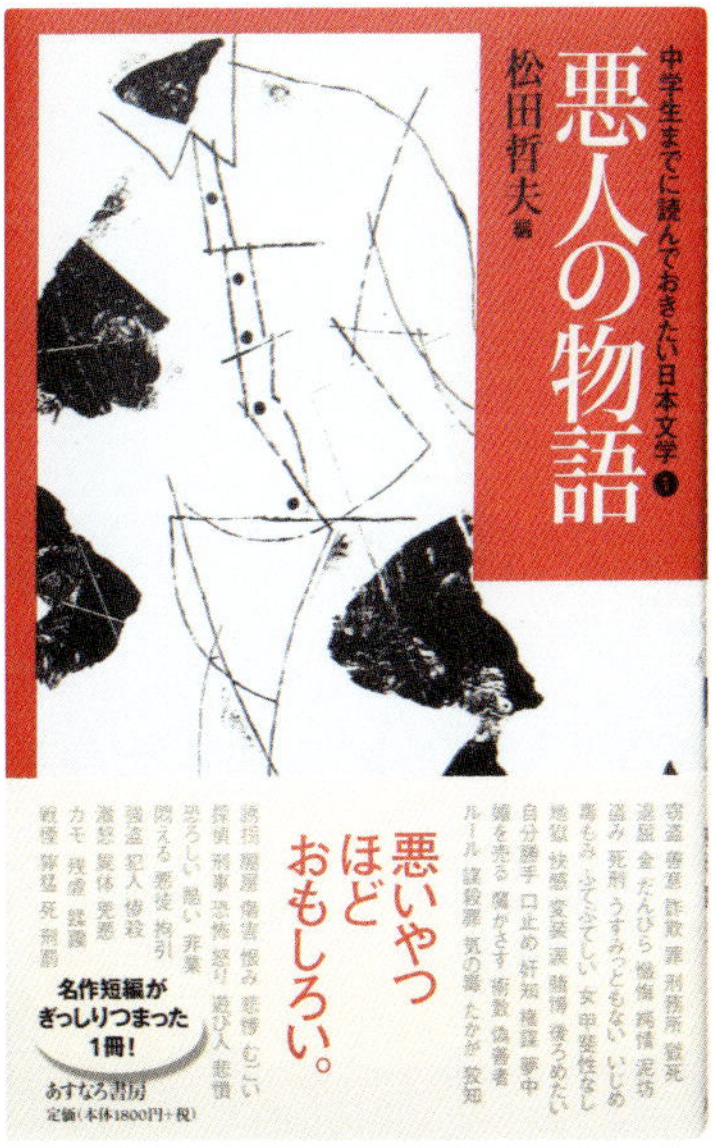
中学生までに読んでおきたい日本文学 1
悪人の物語
松田哲夫 編
悪いやつ
ほど
おもしろい。
名作短編が
ぎっしりつまった
1冊！
あすなろ書房
定価（本体1800円＋税）

中学生までに読んでおきたい日本文学 3
おかしい話
松田哲夫 編
笑うのは
人間だけ
なんだよ。
名作短編が
ぎっしりつまった
1冊！
あすなろ書房
定価（本体1800円＋税）

中学生までに読んでおきたい哲学③
うその楽しみ
松田哲夫 編
合点のゆく あやうげ 鼻つまみ
ちらついて 仮面 かすかな音 胞衣
痩我慢 ドロン 味わい 舌を巻いた
急ごしらえ 要領 自己改造 般若面
ぬかずいて イの一番 ずらり 逆手
不可抗力 甲斐性なし 洒落 徹底的
魔がさす ソラゴト なすりつける
化けた狐 損得勘定 うるんだ 劇薬
うそは創作のはじまり
猫背 歌うたい ちぐはぐ 愚の骨頂
便諦 まことしやか 意地っ張り
熾烈 したたか 毒蛇
頓珍漢 知れきった
洒唖々 うっかり
おなかの虫 愉快
駆引き アザ笑う
匙加減 乱れた髪
考える
楽しみに満ちた19編
案内人 南伸坊
あすなろ書房
定価（本体1800円+税）

中学生までに読んでおきたい哲学⑧
はじける知恵
松田哲夫 編
突っ走って ちんぷんかんぷん
はいつくばる びくついて 生き神様
からんころん しこを踏む 火の粉
裏をかいて あたたか味 尻をまくる
自分を賭けて ぶち破って 脱線
窮鼠猫を噛む ぱっと思いつく
ちょろまかす 命びろい しがみつき
ふっとばして 自我の奥底 ほころび
知識と知恵って、どう違うんですか
ずしりとした ひっくりかえした
真に受けた 身にしみて 結晶化
いっしょうけんめい
混沌をつかまえる
断じて妥協せず
とどめを刺した
ハタと行き当たる
色めがね 合理的に
考える
楽しみに満ちた19編
案内人 南伸坊
あすなろ書房
定価（本体1800円+税）

中学生までに読んでおきたい哲学⑥
死をみつめて
松田哲夫 編
追いつめられて 宣告 分解する
ふるえた 暗い観念 冥福を祈る
のしかかった 修羅場 腹の底から
うんともすんとも 奈落に向かって
骸骨になって ごうごうと ポケットに
最後の気力 束縛 掠め取った 頽廃
安楽に たらい回し 断ち切られる
涙が衝きあげた しがみつく 迷妄
死後の世界って、あるんですか？
食いつぶして 存在のすべて 反撥
何のために ゆさぶった 顎をあげて
恐ろしい 拒んでいる
崩壊する ケロッと
いやされる 熱中
声をあげ泣いた
くるくる廻って
生きのびる 鞭打つ
考える
楽しみに満ちた18編
案内人 南伸坊
あすなろ書房
定価（本体1800円+税）

中学生までに読んでおきたい哲学④
おろか者たち
松田哲夫 編
手当り次第 恩知らず 旗色が悪く
お目玉をくう はがゆい 軌道修正
投げやり 見破った 郷愁に駆られ
白々しさ 馬鹿げて ごちゃまぜ
神妙な顔 行き過ぎ おかしな統計
お人好し 口をもぐもぐ 眉唾もの
ニョキニョキ 誘惑 累々たる 悪徳
辛抱づよさ 苦々しい思い 悶絶
もっとバカになれ とことん バカになれ
貧乏くさく 脳天から あきたらず
からまりあって ガキの情熱
ふわふわ 馬鹿高い
はずかしげもなく
ろくでもない男
からくり 守銭奴
スランプ 悪知恵
永遠の幻 プライド
考える
楽しみに満ちた21編
案内人 南伸坊
あすなろ書房
定価（本体1800円+税）

松田哲夫―編
あすなろ書房
各￥1800

『中学生までに読んでおきたい哲学』
❽はじける知恵―2012.4
❸うその楽しみ―2012.10
❹おろか者たち―2012.6
❻死をみつめて―2012.4
装画―田尻真弓

『小学生までに読んでおきたい文学』
❹たたかう話―2013.11
❻すごい話―2013.10
装画―山路奈央子

芸術闘争論

『芸術起業論』（２００６年）の続編で、「実践編」的な内容です。『芸術起業論』では、村上氏本人の頭部を前後左右から撮影し、カバー上でぐるりとそれをつなぎ合わせ、あたかも頭部そのものを本の形にプレスしたような装丁でした（☛）。

その流れで今回「闘争論」なので、村上氏にファイターになってもらって、空手チョップかなんかをしているときの表情が撮れたらいいなぁ、と冗談交じりに編集担当にプレゼンするも当然却下……。で、悩みまくっていたところ、ちょうど雑誌「美術手帖」の村上隆特集（２０１０年11月号・ベルサイユ宮殿での展示ルポ）で、この作品に出会ったわけです。

とにもかくにもガムシャラの存在感があって、爆発寸前のような様が、現代美術に対する性急で差し迫った著者の心情にぴったり！　と思った次第です。古いですけど、「タイムボカン」とか「ハクション大魔王」のキャラのような雰囲気もお茶目で、食いしばった歯はいかにも「闘争」です。

タイトル文字は、この作品の中の要素——丸まっている部分やシュッと尖ってる

村上 隆
『芸術闘争論』
幻冬舎
2010.11／¥1800
カバー作品—村上 隆
写真撮影—勝又邦彦
写真提供—『美術手帳』（美術出版社）

☛

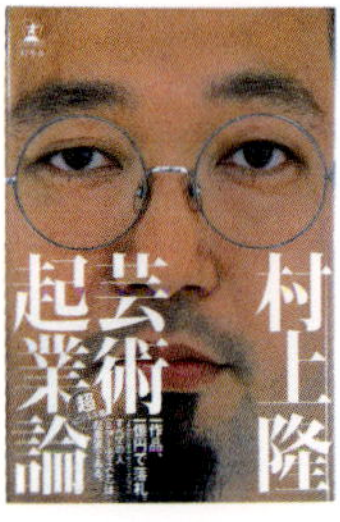

闘いもしないで、闘うぼくのことを
嘲《あざけ》っていたい人は嘲《あざけ》っていればいい。

ぼくの野望、それは世界のアートシーンへ日本人アーティストを一気に二〇〇人輩出させること。

そうすれば世界は変わる。アートのルールは変えることができる!

日本芸術界の欺瞞の歴史と、その安楽な生き方と、闘う!!

この本は必ず、現実を変えようと思っている人の闘う糧となると信じます。

村上隆

幻冬舎 GENTOSHA
定価(本体1800円+税)

部分などから発想しています。それを、作品に負けじと金の箔押しにし、そこに影を付けて、飛び出してる感じとともに、煙っぽい効果も狙っています。蒸気機関車が煙を出して走っているような、前出（80ページ）の声のアナロジーではありませんが、文字が忙《せわ》しなく爆音轟かせて迫ってくるエネルギッシュさ、です。

「タイトルが読みにくい」という声も当然あったんですが、それ以上に、熱意とか必死さを伝えるのが主眼だと思ったので、むしろそれを邪魔するすっきりしたイメージは排除したほうがいいと説得しました、と言うより押し切りました……。

ちなみにカバー表4は前作『芸術起業論』（☛）に倣って作品の裏側になっています（☛）。髪の毛のようなウェーブの中に「どくろ」が「とぐろ」を巻いて（笑）、なぜか作者の村上氏の後頭部にも似ている。

基本的に作品って、その人に似ます。イラストレーターの半分くらいは人物画でなくても、描く絵が自画像といえるほど似ています。作家と作品をつなげるクイズがあったら、私はたぶん当てられます！

強く生きる言葉

岡本太郎さんは亡くなってずいぶん経つのに（亡くなったのは96年）、その存在感は衰えるどころか、ますます輝きを増しているような気がします。時代に阿《おもね》らずに果敢に挑み続けた太郎さんの姿勢は、慢性的な日本の閉塞感を射抜く光のようでもあり、いまだに太郎さんの言葉や作品に触れるたびに、背中をドンと押された気持ちになります。

いずれも装丁は文字のみです（『対極と爆発』のみ帯に代表的な絵を使用）。通常、芸術家は作品で「発言」するものなので、装丁にも作品を使用するのが普通ですが、太郎さんの場合、ご本人そのものが奇跡のような「作品」なので、それをもっと直接的に、生々しく伝えられないか、より積極的な表現方法を……と考えての装丁です。

創作文字でおこなう場合、まず手書きでラフを描いてみて、「いけそうかな」と確認した上で進めますが、納得のいくまではとにかく試行錯誤の連続です。削ったり足したり、曲げて伸ばして、嫌になるくらい延々……。文字に想定するキャラクターが

岡本太郎
『強く生きる言葉』
イースト・プレス
2003.4／¥1000

強く生きる言葉

岡本太郎

“瞬間瞬間を爆発して生きろ”とか、
まさにそれしかないと思いました。
岡本さんにはずいぶん
救われました。
浅野忠信

イースト・プレス
定価（本体1000円＋税）

あって、そこからはみ出す部分を駆除する感じでしょうか。この本の場合、「岡本太郎＝自立した、気骨ある感じ」を目指しました。

文字を作るのはパソコンによってずいぶん楽になりましたが、昔は本当に大変でした。ロットリングを使って版下用紙に描いていましたが、気に入らないラインは1㎜以下でもカッターの刃で削ったり……。サイズも10倍くらいの大きさで作るので、本当にわけがわからなくなる。

パソコンになった今でも、腑に落ちず煮詰まってくると正解がわからなくなります。そういう場合はとりあえず脇に置いておいて、わざと別の仕事をして頭を切り替える。しばらくしてから、ぱっと目に入ったときに、ある精彩を放っているかどうかが判断基準になります。それを幾度となく繰り返してやっと定着するわけです。

文字だけの装丁って、勇気と自信がないとなかなか踏み切れません。どうしても情報量が少ないので、その文字によほどの特徴がないと、商品としてなんとなく物足りない……買うに値すると思われないのではないか、そういう不安はあります。

書店に行くと今まで見たことのない斬新な書体には、やはり素直に反応してしまいます。それだけ書体には言葉を活性化させる力があります。同じ言葉でもまっ

岡本太郎
『今日の芸術』
光文社
1999.3／¥495

『岡本太郎の宇宙1　対極と爆発』
筑摩書房
2011.2／¥1600

たく違うメッセージに見えることがあるわけです。そういう「発見」に近いことを自分ができているかどうか、でしょうね。「発見」と言っても、自分の中からしか出ないものなので、なかなかそう簡単にはいきませんが……。

先日、あるブックデザイン賞の審査をさせていただきましたが、惹きつけられる装丁の多くは、やはり使われる文字が特徴的でした。とくに受賞されたデザイナーが手掛けたある一冊（☛）は装画と題字がイラストレーターによるもので、そのイラストレーターの持つ混じりけのない世界観をそのまま本に纏わせた、まるでその個性そのものが本になったようでした。デザイナーの思い切りのよい采配にちょっと嫉妬してしまいます。

もともとある「本の個性」を更に強化するためには、タイトルの「形＝見え方」へのこだわりはますます欠かせなくなっている気がします。

☛

川上未映子
『愛の夢とか』
講談社
2013.3／¥1400
装画・題字―前田ひさえ
装丁―名久井直子
第45回講談社出版文化賞
ブックデザイン賞受賞作品

『矢沢永吉
『アー・ユー・ハッピー?』
日経BP社
2001.2/¥1300

アー・ユー・ハッピー?

矢沢永吉さんによるベストセラー『成りあがり』(1978年)の「その後」が描かれています。身内の背信、離婚、ビジネス、渡米、家庭、音楽など、波瀾万丈の人生を通して永ちゃんが綴った幸福論です。

キャロル全盛の中学生の頃、友達からLPを借りて聴いていたものの、さすがにコンサートまでは行ったことがなかったので、これを機会に初めて、装丁のアイデアリサーチも兼ねて静岡の会場まで行ってみました。「矢沢永吉でしかない特徴って何だろう」と。この場合、装丁は「矢沢永吉」というビッグネームこそがシンプルに伝わればいいとは思うのですが……。

コンサート前の会場には、革ジャンにリーゼント、あるいは素肌に上下真っ白のスーツの人たちで殺気立っていて、自分が相当場違いだったのをよく覚えています(笑)。

そこで注目したのは、真っ白なスーツの背中に施された、YAZAWAの文字を中心に、思い思いに彩られた刺繍の数々でした。この熱狂的なファンによる賛美の表現は面白いなと思い、「だったら本も刺繍にしてしまおう」という発想です。

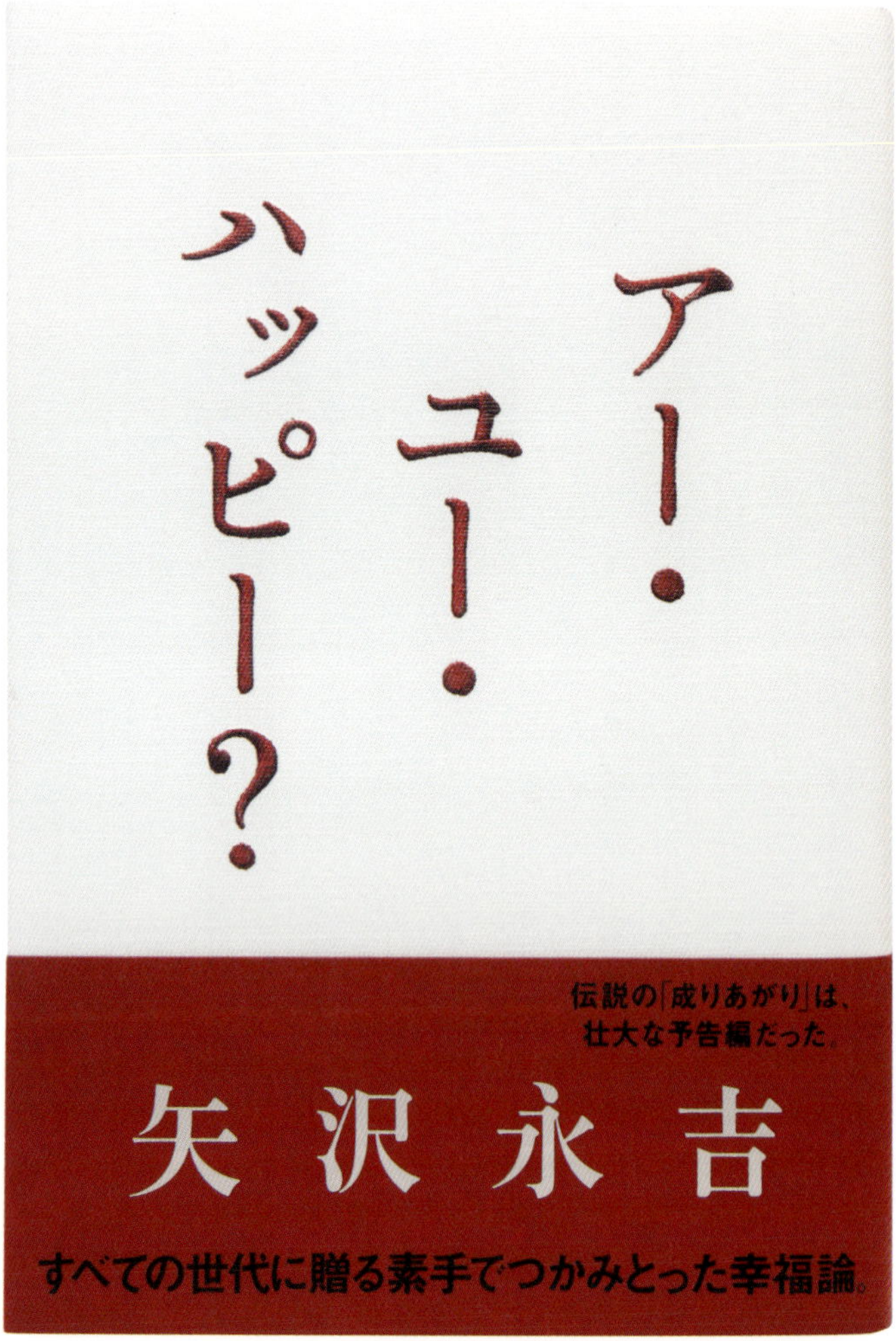
アー・ユー・ハッピー？
伝説の「成りあがり」は、
壮大な予告編だった。
矢沢永吉
すべての世代に贈る素手でつかみとった幸福論。

しかしながら本一冊一冊のカバーをクロス（布）にして本物の糸で縫うわけにはいきませんので、限りなく本物っぽくなるように、印刷と加工によって再現することを目指しました。

まず文字のデザインを決めて、新宿にある刺繍屋さんに実際にその文字を刺繍で作ってもらいます。それを撮影。カバーの用紙もなるべくクロスに近い手触りのものを選び、さらにその文字の形に合わせて裏側から盛り上げるエンボス加工を施しています。手にするとあたかも糸で縫い込まれているような感触が得られるはずです。岡本太郎の本同様、こちらも文字だけの装丁ですが、文字の存在感で十分成立するんじゃないでしょうか。

帯の用紙は「ビオトープ」という銘柄で、ちょうどこの頃に出回った紙ですが（2000年発売）、初めて眼にしたとき、これまでになく心を動かされました。質感と色のバリエーションが絶妙で、なにより紙としての存在感があります。

大手用紙メーカーと新製品の開発に参加したことがありますが、基本的に、紙はほとんど思いどおりのものが作れます。ただし後世まで使い続けられるかどうかは別問

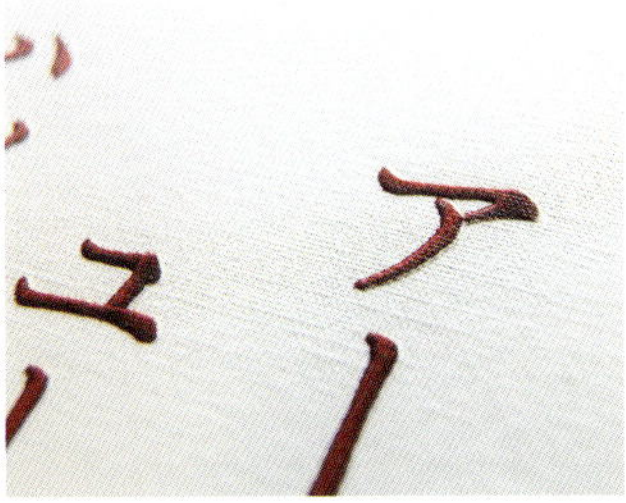

題で、バブルの頃だったと思いますが、奇抜な新製品が立て続けに出たのを覚えています。

最近は在庫管理の難しさからかと思いますが、不人気の紙はどんどん廃色・廃品にされる傾向にあって、増刷時に変更を余儀なくされたりします。ひどい場合、何の報告もなく変えられたりして、書店でびっくりなんてこともあります。

このビオトープには単なる思いつきではない、「残そう」とする作り手の意志を確かに感じます。それでいて、押しつけがましさがなく、汎用性を備えていて、紙としてのひとつの完成形だと思います。アースカラー（自然界にある色）を中心にしたシリーズのまとめ方も強く印象に残るものになっています。とくにアンダー寄り（暗め）の色のバリエーションは想像力を喚起します。一般の方には伝わりづらいかもしれませんが……。

この本ではカバータイトルの色に合わせて、ベリーレッドを選択し、著者名をつや消しの銀箔で再現しています。

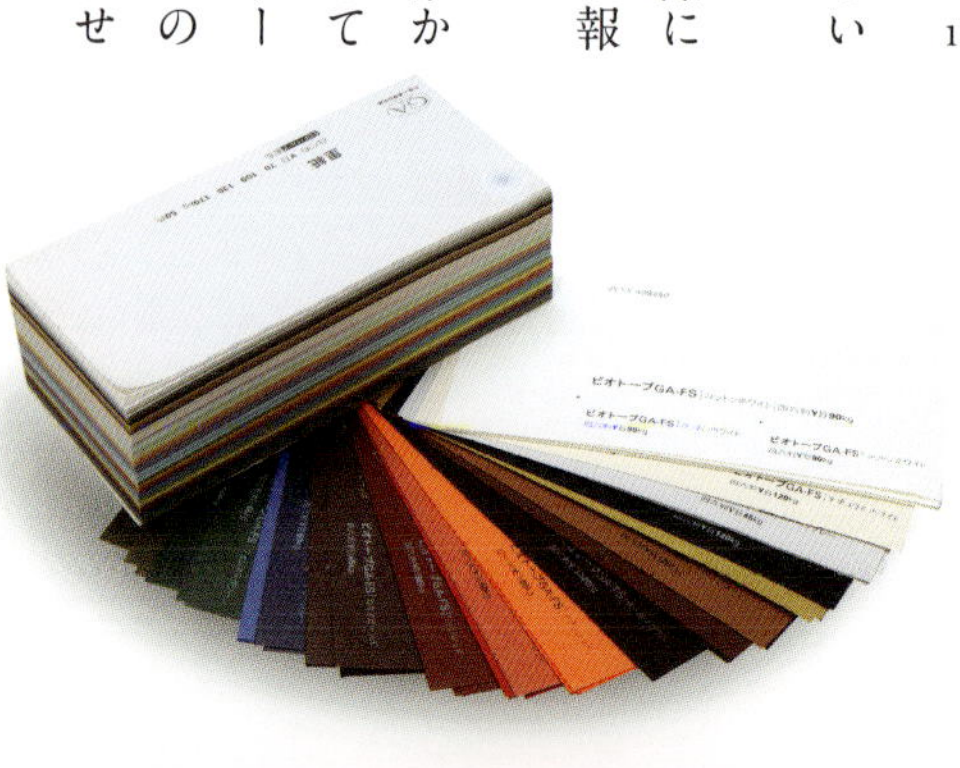

求めない

タイトルのとおり、「求めない」から始まる短い箴言集で、「求めない――すると心が澄んでくる」といったように、現代人の際限のない「求める」心に対して、ここらでひとつ止めてみましょうという、老子研究を通して導かれた著者の言葉が集められています。

装丁も、そんな「求める」心から自由になれるような雰囲気を出せないだろうか、というところから出発しています。そこでご登場願ったのがイラストレーターのナカノヨーコさんでした。カバーだけだとわかりにくいので、本文中の絵もご紹介しましょう。ちなみにこれらはすべて、原稿を読んでもらってからの描き下ろしです。

加島祥造
『求めない』
小学館
2007.6／¥1300
装画―ナカノヨーコ

依頼しておきながらなんですが、何が描かれているのかわからない（笑）。ある種、飛び道具のような絵ですね。

彼女の絵は、果たしてイラストレーションと言えるのかどうかのギリギリの世界観を有しているわけですが、かといってアーティスティックな自己表現（作品）ではなく、やはり、依頼があって成り立つ「イラストレーション」ということになるわけですが、それにしても非常に稀有なコミュニケーション回路を持っていると言えます。スタイルからして、どこにも属していないし、誰にも似ていません。

この対極にあるのが、解説的な、伝達を目的とした絵です。それはそれで使用される現場はいくらでもありますし、むしろ利用価値は高いのかもしれません。ただ言葉とは別の感性に働きかけることによって、見る者をより広いところに連れ出してくれるのは、やはりこういう絵です。

だからでしょうか、独特の重力を感じさせない浮遊感というか、高揚感があり、まるで草木のように自然な、しがみつかない、こだわらない、まさに本の内容に相応しい自由さがあります。

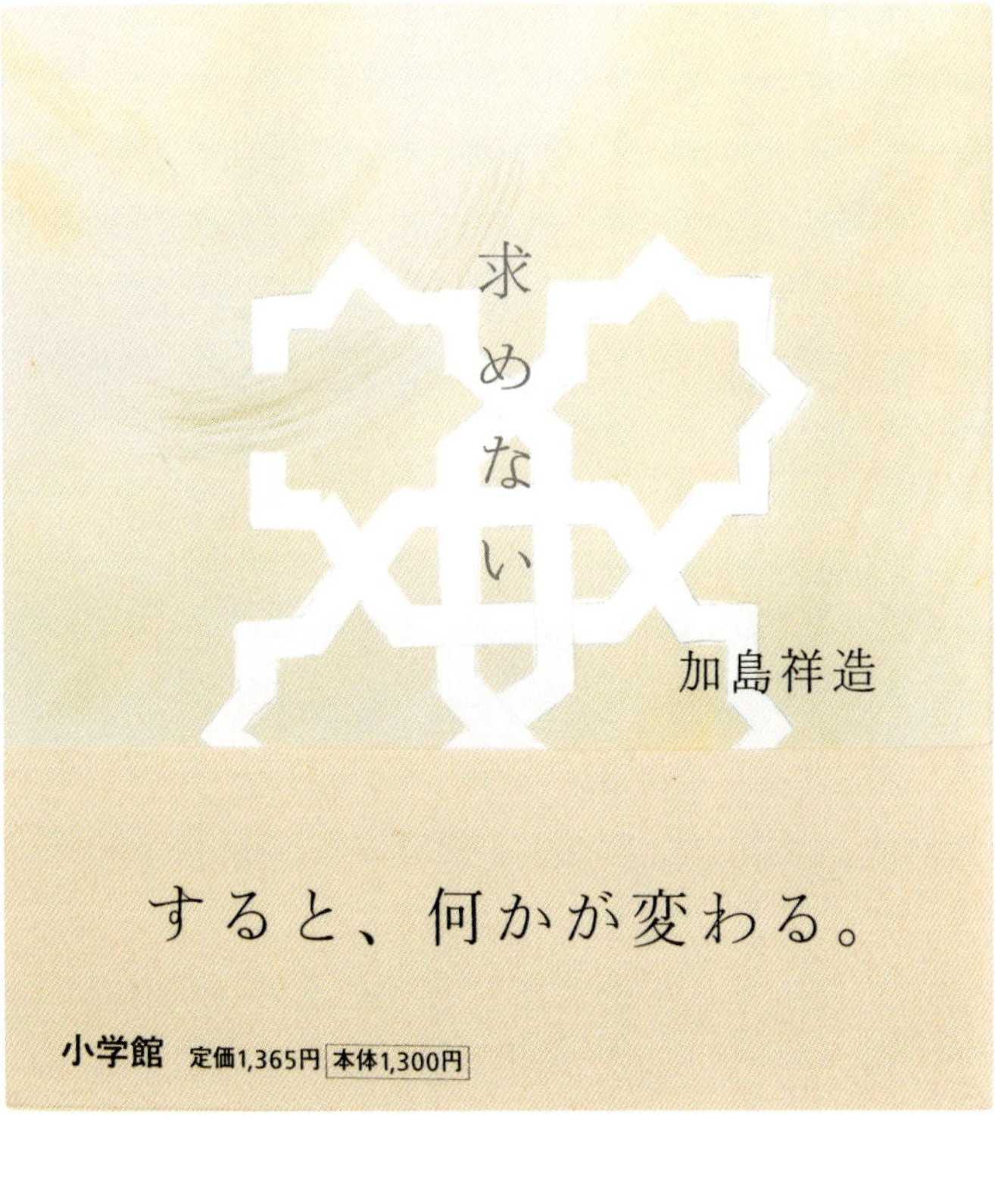
求めない
加島祥造
すると、何かが変わる。
小学館　定価1,365円 本体1,300円

女ぎらい

『求めない』から一転して『女ぎらい』です（笑）。女性がいかに不利であるかを、あらゆる事象事態から立証して、暴き出す！という、男としては読んでいて非常に居心地が悪い……言葉がグサグサ刺さってくるような強い論調で、うなだれるしかない。しかも論破されて、どんどん追い込まれる……。どんどん溜まっていくわけです、ストレスが（笑）。女性にとっては溜飲を下げることこの上ないとは思いますが、男にとってはもう……「女ぎらい」ならぬ「この本ぎらい」みたいな……。

それで、こっちが受けてしまったダメージをなんとかしてビジュアルで発散させたい、仕返ししたいと、ひと月くらい悩みました。それで、もう「これしかない」というのがこちらです。チクチクするような凶暴なタイトル文字を、赤を基調に数百本の線で構成しました。敗北感からなかば居直ったような装丁ですね。こういう処理はやりすぎると本当に嫌みになってしまうので、あくまで「適度に挑発する嫌み」を演出したつもりです。

女の人がデザインしたらずいぶん違ったものになったと思います……。

上野千鶴子
『女ぎらい』
紀伊國屋書店
2010.10／¥1500

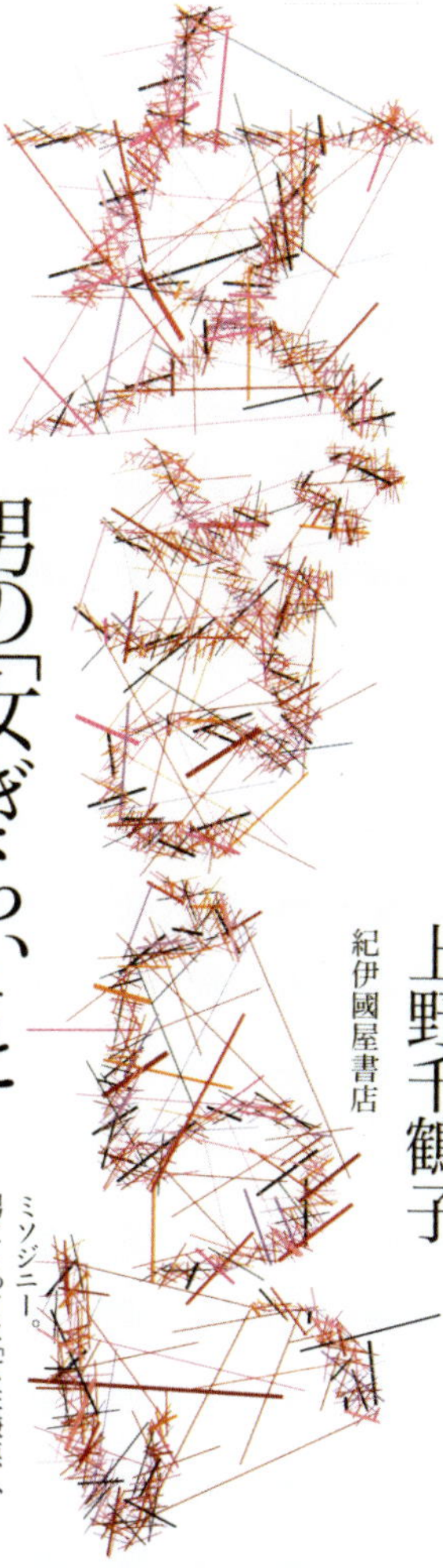

ニッポンのミソジニー

Misogyny Chizuko Ueno

上野千鶴子

紀伊國屋書店

男の「女ぎらい」と
女の「生きづらさ」を
解剖する！

わたしの中の〈女〉が嫌い？
女好きの男は、
実は女ぎらい？

ミソジニー。

男にとっては「女性嫌悪」、
女にとっては「自己嫌悪」。

――「皇室」から「婚活」

「負け犬」「DV」「モテ」「少年愛」

「自傷」「援交」「東電OL」

「秋葉原事件」まで……。

上野千鶴子が、
男社会の宿痾《しゅくあ》を衝く。

スカートの下の劇場

ひとはどうしてパンティにこだわるのか

同じく上野さんの本ですが、1989年刊なのでもう25年前になりますね。20万部超えの内容もさることながら、というかそのせいか、装丁もずいぶん注目されて、当時、小倉一郎のラジオ番組に初電話出演を果たしました。確か自分が装丁家として取材されたのは、これが最初だったような……。

ビジュアルは当時上野さんからお借りした、アメリカの挑発的な女性下着のカタログから引用しています。その一部を相当に拡大して表紙に印刷し、そこにタイトルとキャッチコピーを入れたカバー（トレーシングペーパー）を巻いています。帯はありません。

トレペというのはじつに悩ましい素材で、見せることを躊躇しているような、見えることに無防備であるような、まさに意志を曖昧なまま伝えるのに便利です。こういう使われ方は、読者にとって気になってしょうがない、ってとこでしょうか。

しかしながら、このサブタイトルは大胆な位置に持ってきたもんです（笑）。帯なんか、はなから念頭にないと言わんばかりの潔さです。

上野千鶴子
『スカートの下の劇場』
河出書房新社
1989.8／¥1262
表紙写真—Rear View
(Delilah Books, 1981)より

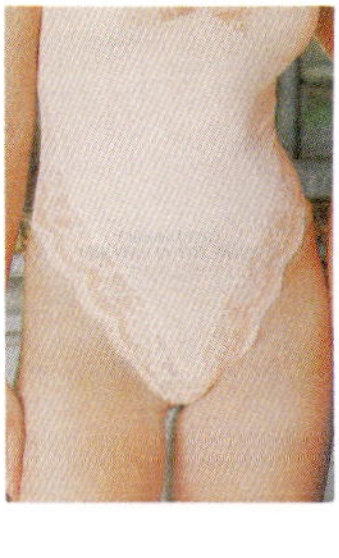
表紙

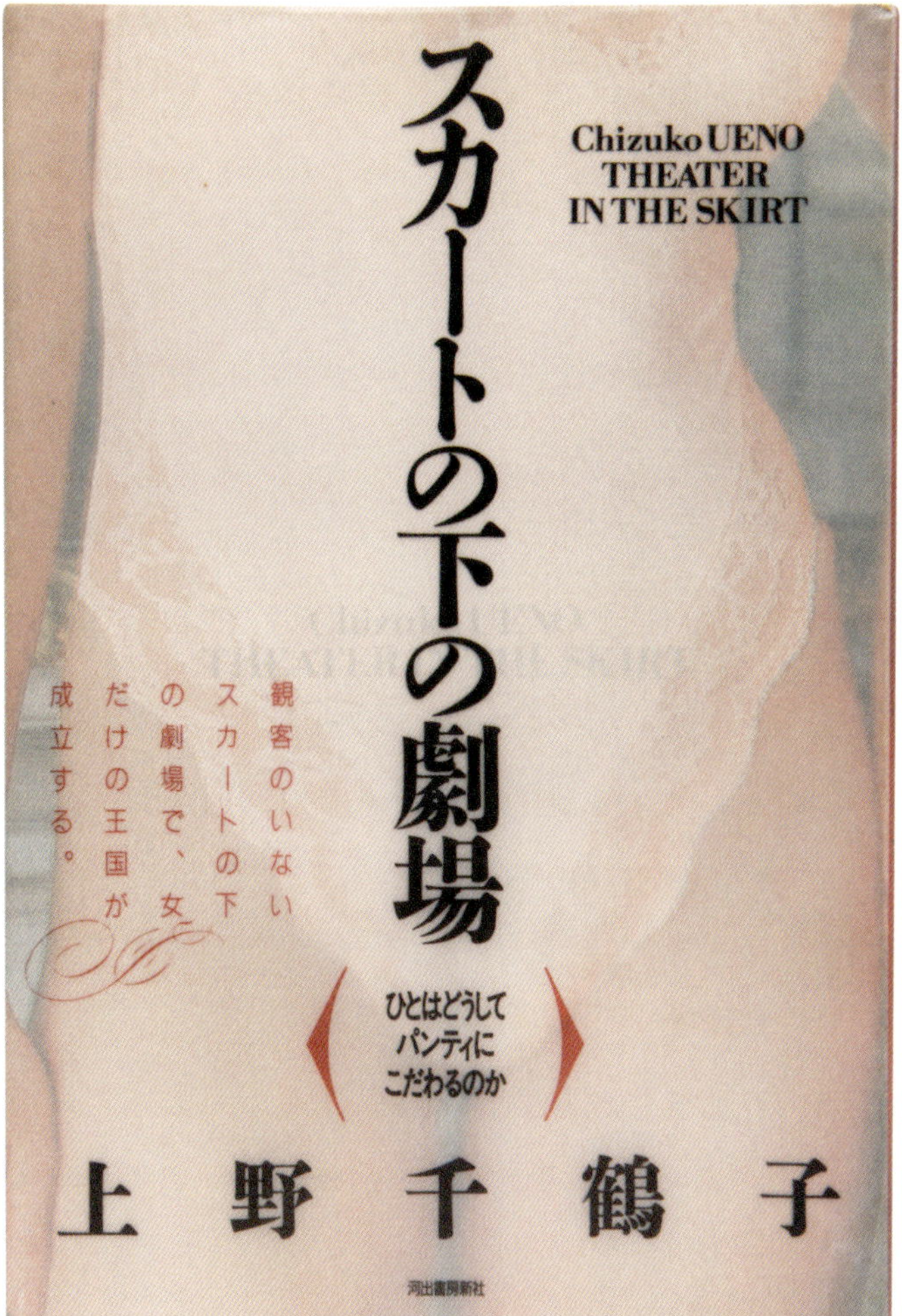
スカートの下の劇場
Chizuko UENO
THEATER
IN THE SKIRT
観客のいないスカートの下の劇場で、女だけの王国が成立する。
ひとはどうしてパンティにこだわるのか
上野千鶴子
河出書房新社

重層的な非決定へ

日本思想界の巨人、吉本隆明氏による１９８５年に刊行された同タイトルの新装復刻版です。吉本氏は２０１２年に逝去されました。

当時、筑波の大学院で燻ぶっていた私は、立ち寄った書店でこの初版本を見て驚いたのを覚えています。菊地信義氏によるその装丁は、「定価＝2,200円」という文字がカバーの最上段に大きく掲げられ、続いてタイトル、著者名とありました。「なぜ定価が!?」となったわけです。

恥ずかしながら、この仕事を受けてから中身を読んで、その理由が判明しました。本書には、埴谷雄高氏との大バトルが描かれているわけです。自身もコム・デ・ギャルソンの広告にモデルとして出演されるなど、吉本氏はそもそも資本主義は否定されるべきものではないという立場。かたや埴谷氏はそれを揶揄するかたちで対立します。それに吉本隆明は憤って反論し、「……あくまでも資本主義的な行いのなかに世界はある、絶対にそうである」と断言するわけです。

そういう内容を含んだこの本自体が、資本主義のルールの中で商品として堂々と流

吉本隆明
『重層的な非決定へ』
大和書房
2012.10／¥3200

菊地信義氏による初版

吉本隆明
重層的な
非決定へ
大和書房

文化が
多様なら、
批評は
自在でなければならない
吉本隆明の
至高の境地

――橋爪大三郎
東京工業大学教授・社会学者

〈新装復刻版〉

大和書房
定価（本体3200円＋税）

通している。菊地氏はそのことの自明性を、わざと定価を必要以上に強調してみせることで表現したのだと思われます。

さて、その新装版ですが、カバー表1の文字は同じグレーを重ねて刷ることで再現しています。タイトル部分は3度、著者名は2度、出版社名は1度、と単純なインクの刷り回数の違いです。そうすることで単なるスミの濃度差とは異なる、インクの物質感が際立ちます。

この方法にしたのは、カバー表1に必須の文字要素が、改行することによって各行四字ずつきれいに並んでいたからです。この漢文のような文字の並びをどうすれば著者名、タイトル、版元名の3つの要素として差別化できるか？

この整然と並んでしまっている文字列がデザインのきっかけになりました。

しかしながら、この復刻版というのは実にやりにくいものです。両方を知るものからすれば、後出しじゃんけんに見えるだろうし、オマージュなどとすり寄るのも負け感大ですし……。要はいらぬ比較を自ら行なってしまう、その居心地の悪さにあります。

形式の法則

先程の『重層的な非決定へ』の初版を書店で見かけた年（85年）の秋、わずかなツテだけを頼りに上京しました。

その当時は、打ち合わせやら入稿やらで、昼間はほとんど「外回り」をしていました。ぺいぺいの、「仕事を頂いている」身なのでそうせざるを得なかったわけですが、それ以上に、狭すぎるアパートゆえ物理的に打ち合わせのスペースがない、というのが実情でした。

その頃のことで思い出されるのが、西神田の朝日出版社参りです。当時、故中野幹隆氏が編集長をされていたのが第二編集部でした。伝説の雑誌「エピステーメー」や「週刊本」など、現代思想関連の出版物が多い版元で、22、23歳だった私もお手伝いさせていただいたのです。編集部は常に、中野氏の鷹のような眼光が鋭く支配した空間で、当初縮み上がっていたのをよく覚えています。

この本はそのときに担当したもののひとつです。1987年刊行です。

G・スペンサー＝ブラウン
『形式の法則』
朝日出版社
1987.3／¥2718
装画―鈴木成一

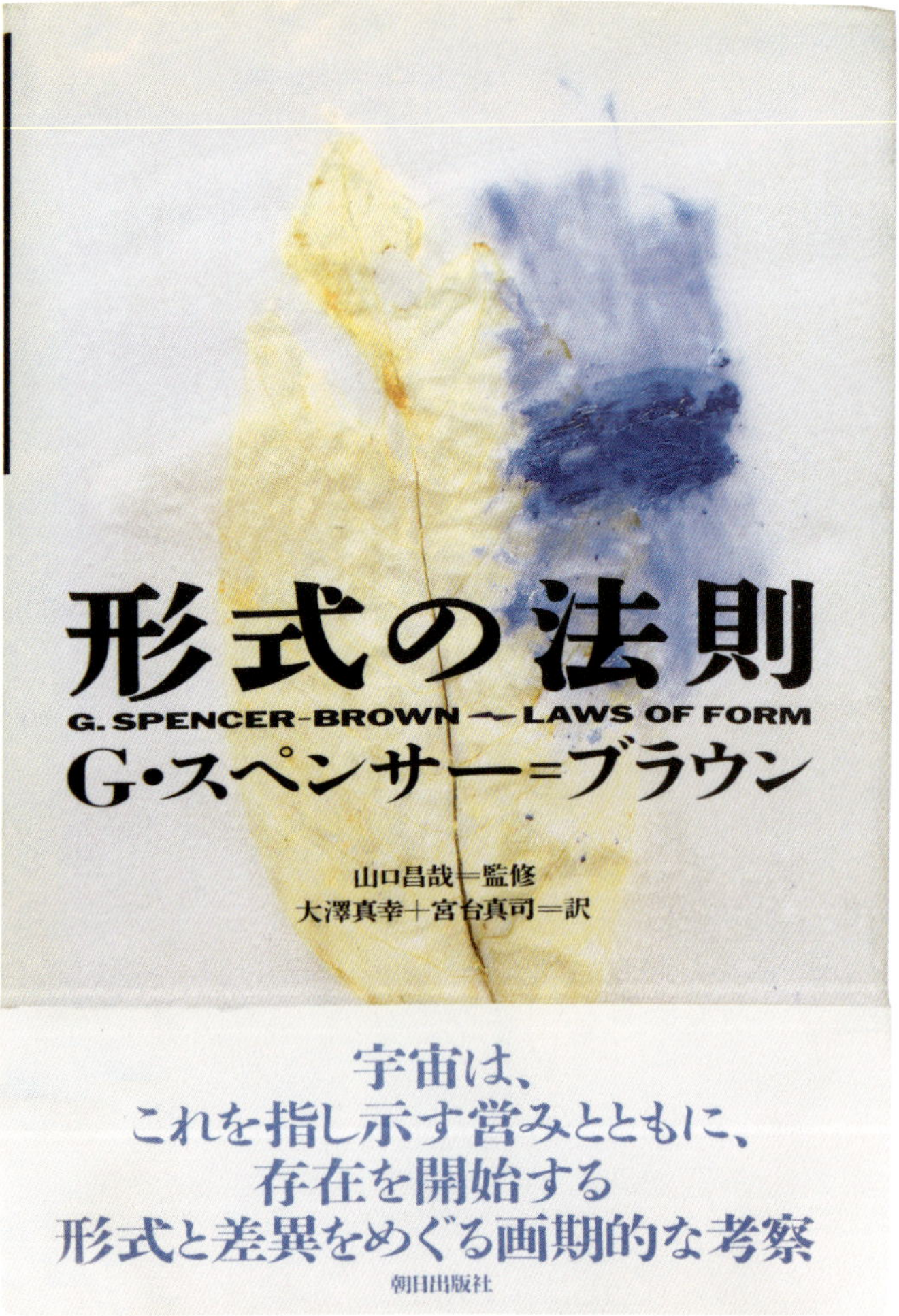
形式の法則
G. SPENCER-BROWN — LAWS OF FORM
G・スペンサー＝ブラウン
山口昌哉＝監修
大澤真幸＋宮台真司＝訳
宇宙は、
これを指し示す営みとともに、
存在を開始する
形式と差異をめぐる画期的な考察
朝日出版社

翻訳は、当時まだ東大の社会学の大学院生だった大澤真幸氏と宮台真司氏で、「数学の本なのになぜ社会学の二人が訳すのか」という素朴な疑問から始まり、正直、内容はぜんぜんわかりませんでした(笑)。にもかかわらず、その装丁をしなくてはならない。今でも内容が理解できない難解な本の装丁を依頼されると、このときの途方に暮れた自分がおぼろげに甦ります……。

この装画は、私が作成し、撮影したものです。

ジェッソという、アクリル絵の具用の下地を作るための塗料がありますが、それを塗ったところに、東急ハンズで購入した葉脈だけの葉っぱを置き、さらにジェッソを塗り重ねることにより凸凹にさせたり、ほかの絵の具を載せたりして、コラージュしています。タイトルが「形式」の「法則」、帯のコピーに「宇宙」とあるので、それでたぶん「葉脈」ってなんかそれっぽいかな……くらいの発想だったのではないでしょうか。今だから他人事のように言えますが、意味がわかりません(笑)。

確かに、こういうアート的な嗜好は昔からあることは自覚しているのですが、本当はやりたくない。なぜか。単純に恥ずかしいからです。でもこのときはやってしまった……。若気の至りです。

社会は絶えず夢を見ている

さて、それから24年後、再び大澤さんの本を担当することになりました。編集者も『形式の法則』と同じ。久方ぶりの組み合わせに、けっこう燃えました。

装画は、ちょっとわかりにくいのですが、童話で有名なアンデルセンが、1864年に自身で作った切り絵です。ちょうどアンデルセンの豪華本の装丁をこの少し前に手掛けていて、そのときの編集者にその切り絵の存在を知らされ、少なからず衝撃を受けていました。アンデルセンが夢想していたであろう物語世界が、目に見えるものとしてそこにあるような気がしました。

アンデルセンの、この切り絵を通して注がれる「まなざし」と、大澤さんの「思考」を結び付けてみたい、というのが装丁の狙いです。問題はこの切り絵をいかに再現するかでした。

切り絵ですから、単純に「地」と「絵」を差別化すればいいわけですが、インクによる色の違いといった安易なものではなく、「紙」という素材によって、印象づけられないだろうか、というのがまずありました。

大澤真幸
『社会は絶えず夢を見ている』
朝日出版社
2011.5／¥1800

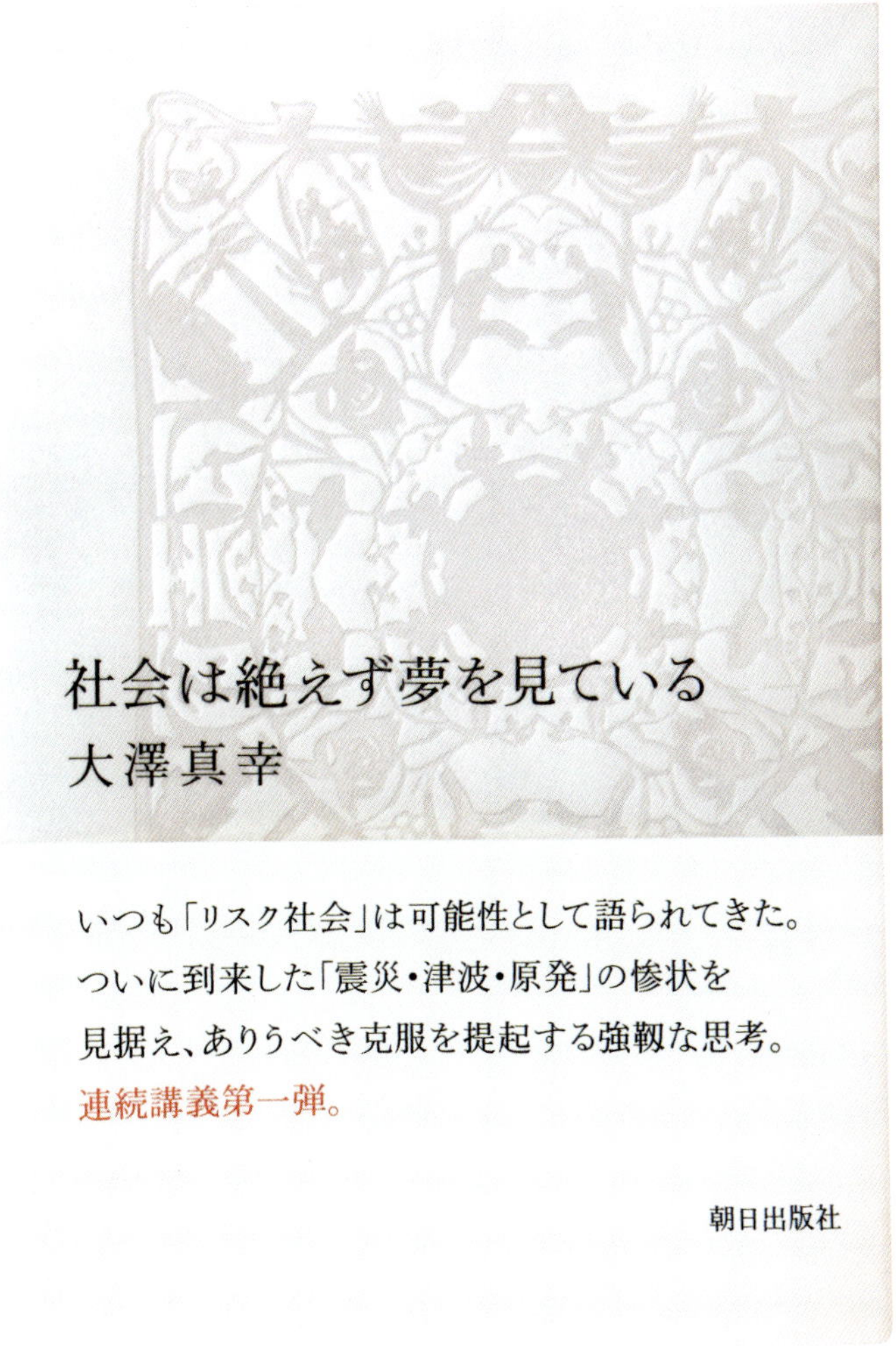
社会は絶えず夢を見ている
大澤真幸
いつも「リスク社会」は可能性として語られてきた。
ついに到来した「震災・津波・原発」の惨状を
見据え、ありうべき克服を提起する強靭な思考。
連続講義第一弾。
朝日出版社

当初、カバーを実際に切り抜くことも考えましたが、絵柄上、絶対切れてしまうのと、何よりコスト的にクリアできないことから断念し、代わりに試みたのが、「OKフロート」という用紙へのホットスタンピング（熱転写）でした。これは箔押しと同様、凸版を用いて紙に凹みを作るわけですが、箔押しのようにメタリックホイルや顔料を圧着させるのではなく、空押し（熱）によって「凹み」のみを与える手法です。

そしてこの「OKフロート」という用紙は、メーカーの推奨によれば、熱を加えた部分が透けるということです。凹みつつ透ける――なんとも不思議で魅惑的な紙であります。

今回使用した同銘柄中「ホワイト」はその傾向が特に顕著で、つまり「切り絵」の柄をカバー（OKフロート）にホットスタンピングすれば、その部分を通して表紙の色（オレンジ）が透けて見えるはずです。それはそれは美しい装丁の「夢を見て」いました。

そうして、大きな期待を込めて印刷所から出てきた校正刷りを見たのですが、これが惨憺たるもので、掠《かす》ったくらいの「凹み」がうっすらあるだけ……。透けるというにはほど遠く、まったくもって現場のやる気を疑いたくなるような、誠に残念な代物でした。これにはさすがにこちらがへこみました(笑)。

それで「業者を替えよう」ってことになり、編集が探し回って辿り着いたのが、板橋にあるコスモテックの青木氏でした。やる気満々。しかも低コスト。ここから上がってきた校正紙は驚異的な効果を発揮していて、感動の一言でした。

さらにうれしいオマケというか、予想外の発見がありました。用紙の表面強度を上げるため、予めマットＰＰという極薄のフィルムを用紙に圧着させたあとに、このホットスタンピングを行うのですが、その接触面に「てかり」まで出ているではありませんか！「凹み」「透かし」だけでなく、「てかり」まで加えていただき、切り絵が新たな姿となって甦りました。

後日、青木さんから送られてきた箔押し見本は、通常不可能と思われるような様々な用紙に、１～３㎜の箔の文字が、潰れることなく正確にびっしり埋め尽くされた、まさに職人の凄味を感じさせるものでした。コスモテック、おすすめです！

ピエール・リヴィエールの犯罪
狂気と理性

「河出・現代の名著」シリーズ（全14巻）の新装版です。短期間にいきなり14冊なわけですから、全部読んでいる時間がまるでなく、しかもドゥルーズやアドルノ、アレント、チョムスキー、ホワイトヘッド、カッシーラー、フロムといったラインナップなので、おそるおそる覗く程度に読んではみたものの、お手上げな内容ゆえ、ご覧のとおりの文字の戯れのような装丁になっています。先ほどの『形式の法則』から10年くらい経っているので、さすがに自分でオブジェを作ったりはしていません（笑）。

続刊は、中心の色相変化と欧文タイトルの加工のみによるバリエーションとして行いました。色面にタイトル、右側のヘアライン（極細線）が著者名となっています。内容の説明よりも「シリーズとしての統一感」ということです。

しかしながら、この手の、装丁の方向に必然性が見出せない場合——つまり明快な「手がかり」や「口実」が見つけられない場合、何をやっても良い反面、「これはマズイのではないか」という、自由と自主規制がせめぎ合うため、それをどう克服するかが大問題になります。だいたいは締切によって克服されます（笑）。

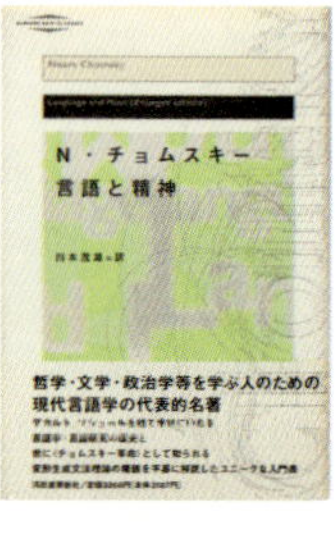

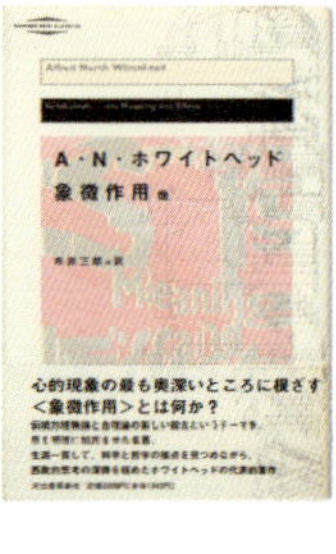

河出書房新社

N・チョムスキー
『言語と精神』
1996.4／¥3200

A・N・ホワイトヘッド
『象徴作用他』
1996.5／¥2000

M・フーコー
『ピエール・リヴィエールの犯罪』
1995.9／¥3200

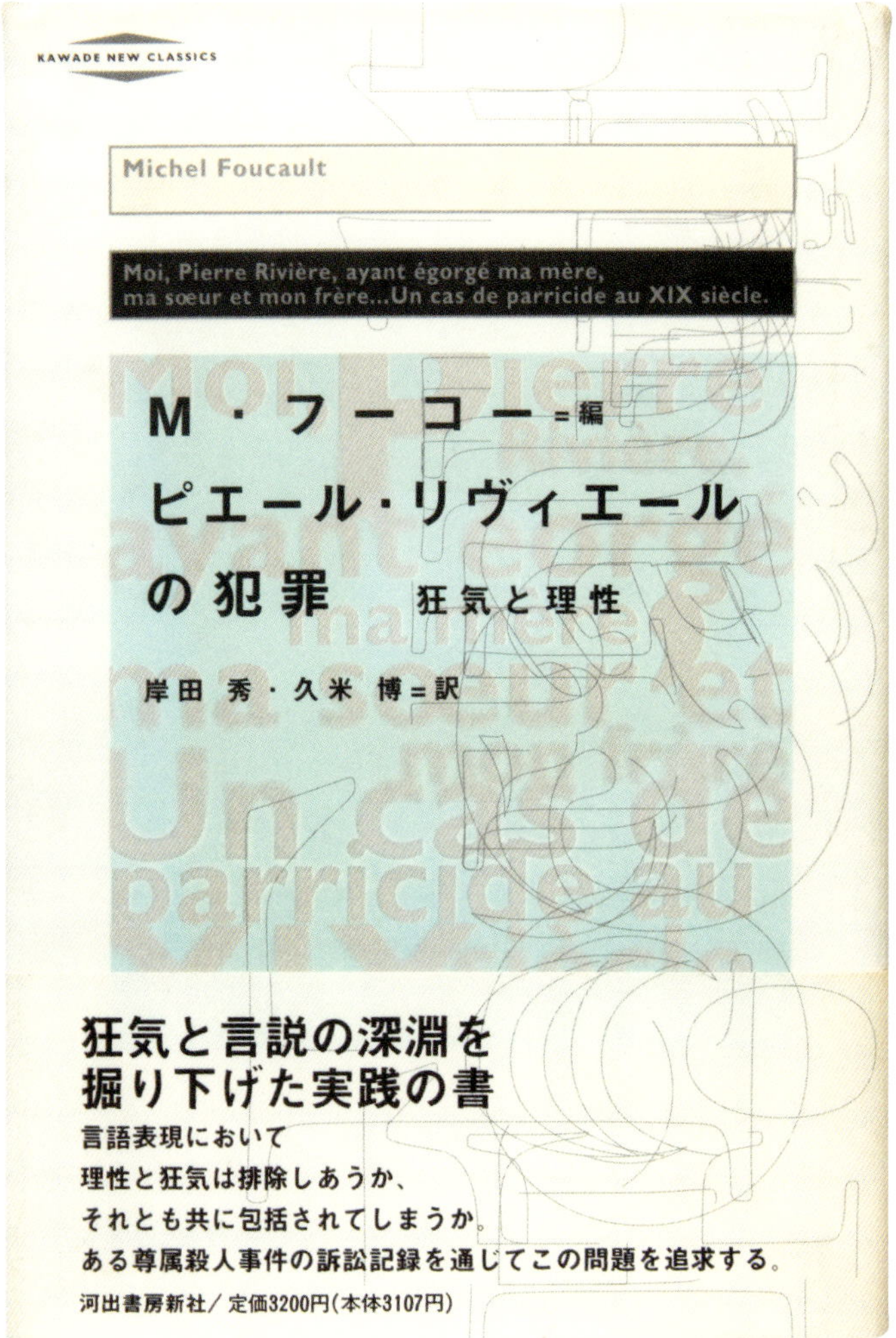
KAWADE NEW CLASSICS
Michel Foucault
Moi, Pierre Rivière, ayant égorgé ma mère,
ma sœur et mon frère…Un cas de parricide au XIX siècle.
M・フーコー＝編
ピエール・リヴィエールの犯罪
狂気と理性
岸田 秀・久米 博＝訳
狂気と言説の深淵を
掘り下げた実践の書
言語表現において
理性と狂気は排除しあうか、
それとも共に包括されてしまうか。
ある尊属殺人事件の訴訟記録を通じてこの問題を追求する。
河出書房新社／ 定価3200円(本体3107円)

空白を満たしなさい

主人公は30代の製缶工場で働くサラリーマン。実は彼は3年前に自殺していて、なぜか生還してしまう。周囲の混乱もさることながら、身に覚えのない、不可解な自身の自殺の理由を追い求めて物語は進んでいきます。

一見、エンターテイメント性の高いミステリー小説のようでもありますが、分裂した自己を取り戻そうとする鬼気迫る異様なムードはそれらと一線を画していて、最終的に読者は新たな死生観を感動とともに共有していくという内容です。

装画に苦慮して、製缶工場が舞台であるし、缶を使って何か出来ないものかなどと、凡庸な発想を半ば呆れつつ検討したりするものの、それこそ大いなるカン違いなわけで、小説のテーマ性の高さゆえに、これぞというビジュアルを決め兼ねていた矢先でした。進捗状況に探りを入れてきた編集者(女性)の鶴の一声、「文字だけでいい!」にドンと背中を押されて生まれたのがこの装丁です。

このほうが小説なのか何なのか、何かしらの切実なメッセージにも見えますよね。この圧倒するタイトルの前で、デザインなどひれ伏すしかないのかもしれません。

平野啓一郎
『空白を満たしなさい』
講談社
2012.11/¥1600

空白を満たしなさい
平野啓一郎
30代の死因
第1位…自殺。
日本人は今、
なぜ死を選ぶのか?
現代の生と死、そして幸福の意味を問う衝撃作。
小説はついにここまで来た!
講談社

リトル・ピープルの時代

若手批評家の宇野常寛氏による同時代評論集です。

なぜこの本の装画が仮面ライダーなのか？という素朴な疑問から、読者が手に取って書店のレジに直行してくれれば、私の役目は完了です。この本と読者のあいだに仮面ライダーを一体置くこと、たったそれだけが目的でした。

撮影は、著者コレクションの50センチくらいあるソフトビニール人形をお借りして、ウチの事務所のアシスタントに、とにかく暗がりの、ほとんど光のない状態の長時間露出で、炙り出すように撮ってもらいました。

重苦しい空間に佇むような、こういう切ない仮面ライダーってあまり見たことないと思います。なぜそう演出したのか。孤独と寂寥を纏った彼がその複眼で見据える先を、本書の中から探してもらうしかありません……悪しからず。

もし仮面ライダーが使えなかったら……というヒヤヒヤもんの事態も十分予想されましたが、はっきり言って後がない、背水の陣でした。危うく真っ白な地に文字ののみの、極々シンプルなものになるところでした。

宇野常寛
『リトル・ピープルの時代』
幻冬舎
2011.7／¥2200
撮影―岩田和美

リトル・ピープルの時代

宇野常寛

私たちは誰もが「小さな父《リトル・ピープル》」である。

この世界は終わらないし、世界の〈外部〉も存在しない。しかし、それは想像力が働く余地が世界から消えたことを意味しない。私たちは〈いま、ここ〉に留まったまま、世界を掘り下げ、どこまでも潜り、そして多重化し、拡大することができる。そうすることで、世界を変えていくことができる。リトル・ピープルの時代――それは、革命ではなくハッキングすることで世界を変化させていく〈拡張現実の時代〉である。

〈虚構の時代〉から〈拡張現実の時代〉へ。
震災後の想像力はこの本からはじまる。

定価(本体2200円+税) 幻冬舎 GENTOSHA

暇と退屈の倫理学

この本はすごいです。過去の思想、哲学を引きながら、網羅的に「暇と退屈」について語る内容ですが、誰にでもわかる平易な言葉で、しかも大変情熱的。読み進めるうちに、「ああ、こんなところに生きる意味があったのか」と一度人生をリセットしたような、そういう気分にさせてくれます。

哲学の本にしては異例に売れたらしく、本書でブレイクした國分氏のその後の活躍は言うまでもありません。

東京のビル群が連なる写真は、カバー全体、両袖にわたる長大なもので、数年前からアートフェアで気になっていた写真家勝又邦彦さんの作品です。「Skyline」というシリーズの中のひとつをお借りしました(あとでわかったのですが、彼は120ページの『芸術闘争論』の村上隆氏の作品の撮影者でした)。

写真から受ける静観するイメージが、まさに本書の内容——あらゆる意味や関係にこんがらがっている現実を一旦均《なら》してしまうような、まさにリセットするような、実に晴々《はればれ》として、清々《すがすが》しい内容にぴったりです。

國分功一郎
『暇と退屈の倫理学』
朝日出版社
2011.10／¥1800
写真—勝又邦彦

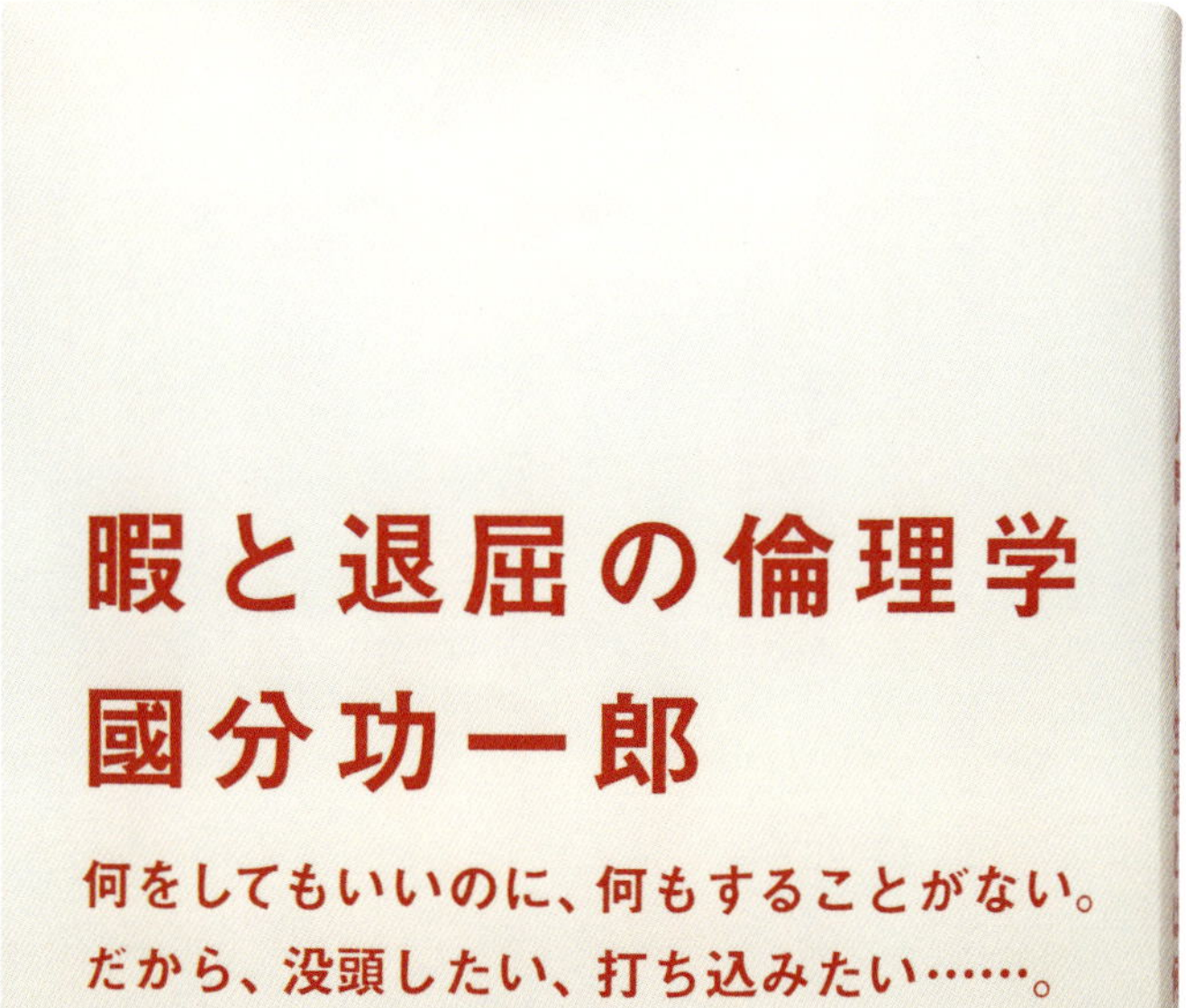
暇と退屈の倫理学
國分功一郎
何をしてもいいのに、何もすることがない。
だから、没頭したい、打ち込みたい……。
でも、ほんとうに大切なのは、自分らしく、
自分だけの生き方のルールを見つけること。
朝日出版社

実は、この装丁に至るまでには紆余曲折がありました。

当初のデザインは、幅広の帯（☞）にタイトル、著者名、キャッチコピーのすべてを入れ、写真はその上（カバー）に配置してました。

ところが、なかなか編集者の満足が得られません。具体的に何がではなく、どーにも気に入らないようなのです。

手を替え品を替え、タイトル文字に箔押しなどを試みてもダメ。色校を5～6パターン出した記憶がありますが、そして「この仕事、降りるか！」の、すんでのところで、このアイデアに至った次第です。

本には帯があるものだという常識を取り払い、広い空の上に、赤のツヤツヤの箔押しで文字を載せるという、すっきりしたものになりました。この真っ直ぐな潔さこそ、編集の求めるものだったようです。

写真の空を活かそうとして、文字を載せないことにこだわったせいで、肝心の装丁としての強さ、それ以前にこの本が世に出ることの新しさに欠けていたようです……。

カバー

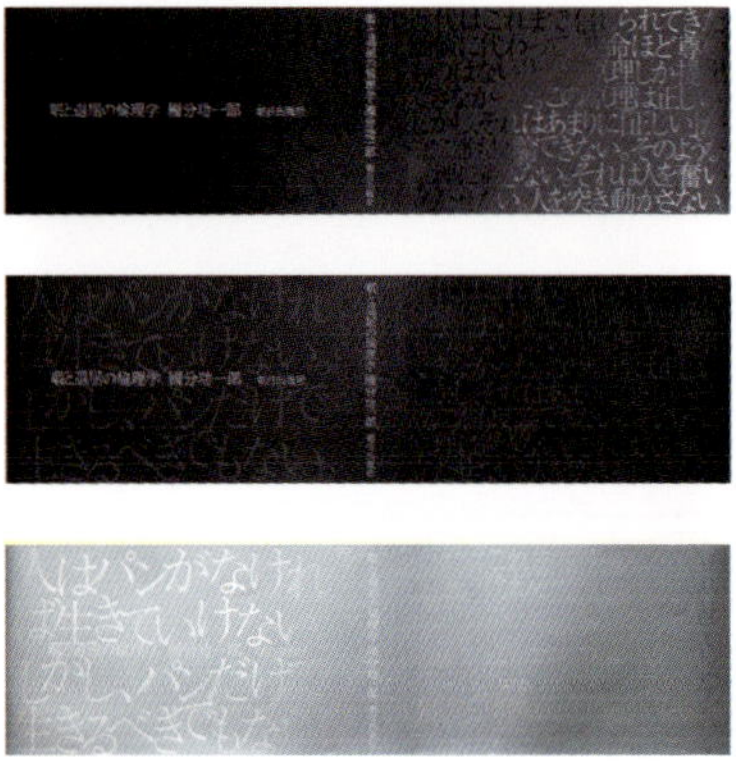

帯

逮捕されるまで 空白の2年7カ月の記録

市橋達也
『逮捕されるまで』
幻冬舎
2011.1／¥1300
装画―市橋達也

千葉英会話教師殺害で逮捕された市橋達也による逃走の記録です。発売直前からマスコミの注目もあってかなり売れたようですが、同時に発売元の幻冬舎は、出版の倫理・是非において、相当のバッシングに晒されたようです。

しかしながら不謹慎を承知で言えば、その内容は私がその年（2010年）に携わった単行本の中でもかなり面白いものでした。警察の監視の目をかいくぐって逃げる際の心理描写。ときに不可解な行動……。怪物的に肥大した自意識のなせる業と理解するしかないのですが、限界状況に置かれた人間の、想像を超えた生々しい現実にグイグイ引き込まれます。そして、迫り来るその瞬間……。

皮肉なことに、まさにこれこそが優れた小説の魅力であることを思い知らされるわけですが、惜しむらくは、作者は作家ではなく、犯罪者として現実にそれをやってしまっているということです。

この仕事の話があって最初の打ち合わせの際、拘置所で本人が描いたという絵を見て驚きました。職業柄多くの絵を見てきましたが、「犯罪者による」という好奇な目

逮捕されるまで

空白の2年7カ月の記録

市橋達也 Ichihashi Tatsuya

東京→北関東→静岡→東北→四国→沖縄→関西→九州。
電車、船、バス、自転車、徒歩で転々と移動した。

誰にも語らなかった、「逃げた後、捕まる」まで

拘置所からの、懺悔の手記。

幻冬舎 GENTOSHA
定価（本体1300円＋税）

を差し引いても、その特異さは際立っています。特に表紙に使用した、沖縄の孤島での雲と波の表現（☛）は、高度にデザインされていて秀逸です。

犯罪者を擁護するつもりは毛頭ありませんが、装画とともに、犯罪者の孤独と絶望が、削ぎ落とされた簡潔な線から痛々しくも伝わってきます。この絵を使おうと、そのときに決めました。

家族喰い

尼崎連続変死事件の真相

角田《すみだ》美代子という女が複数の家庭に巧妙に乗り込み、マインドコントロールしながら支配し、家族同士で殺害させるという凄まじい事件を追ったルポルタージュです。

当初、事件の報道をテレビや新聞で見ていても、人物関係が複雑すぎてよくわからず、モヤモヤしていたところにこの本の装丁を依頼されたため、興味津々に原稿を読み進めるものの、霧が晴れるどころか、非常に胸の悪くなるような、さらに巨大な暗雲に飲み込まれるような、後味の悪いことこの上ない。どうしてこういう人間が存在してしまったのか、この角田、不気味すぎます！

装画には当初、報道された角田のあの顔を冗談で編集に提案してみると、「それだけはやめてくれ！」と懇願されたので（当たり前ですが）、他にシンボルとなるビジュアルとして、ストレートに事件現場の写真（撮影は著者）を使用しました。

〈立入禁止 兵庫県警〉と書かれた黄色いテープは、タイトルをも覆っていて、常人にはとても踏み込めない領域であるのを表現してみました。

小野一光
『家族喰い』
太田出版
2013.10／¥1700
写真―小野一光

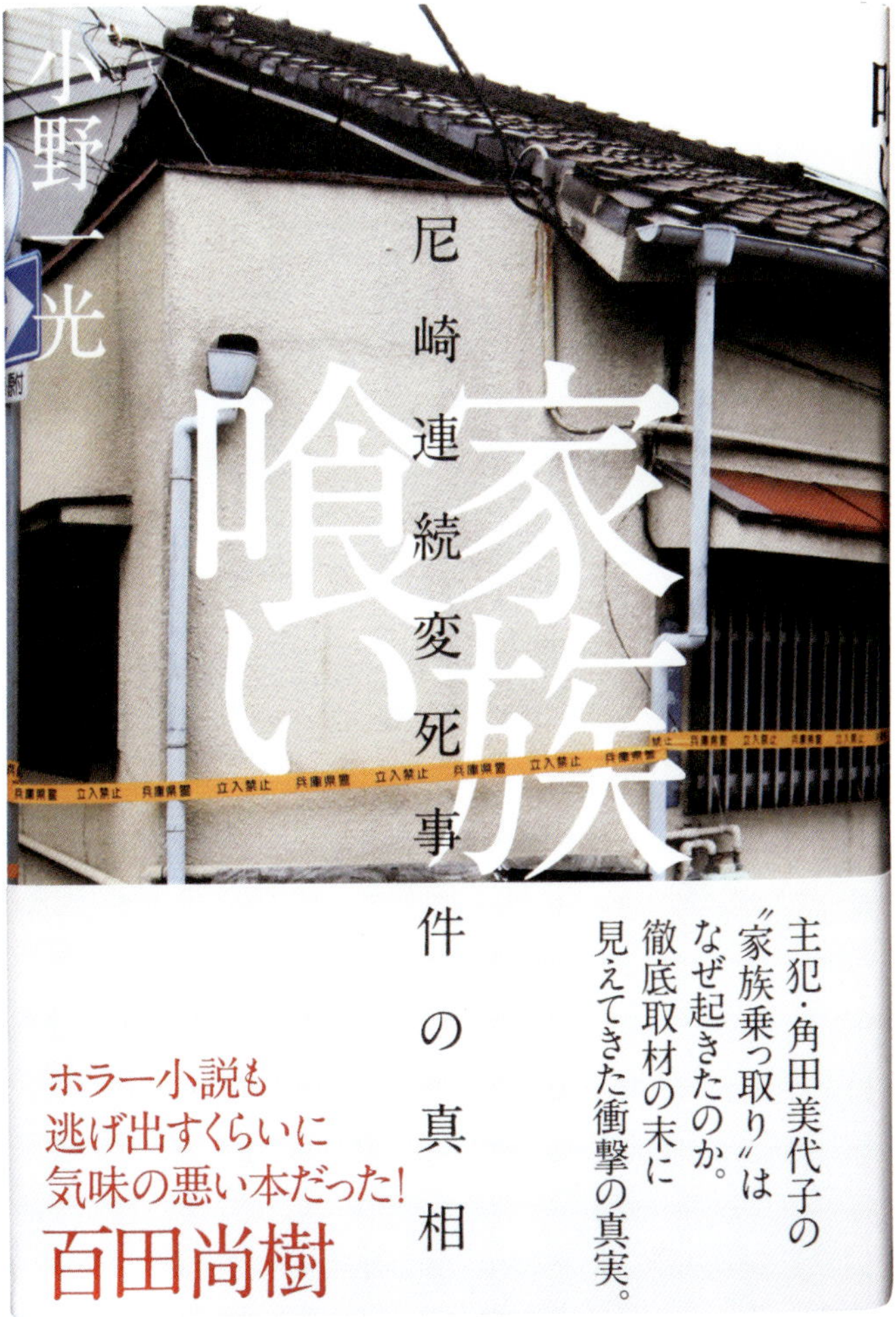
家族喰い
尼崎連続変死事件の真相
小野一光
主犯・角田美代子の
〝家族乗っ取り〟は
なぜ起きたのか。
徹底取材の末に
見えてきた衝撃の真実。
ホラー小説も
逃げ出すくらいに
気味の悪い本だった!
百田尚樹

完全自殺マニュアル

同じく太田出版の、同じ編集者との20年前の仕事です。1993年、自殺幇助の悪書として話題になり、最終的にはR18指定で都の有害図書扱いを受けたにもかかわらず大ベストセラーになったという異例の本です。

こうして形になったものを見ると、そんなにヤバイ感じはないと思いますが、依頼された当初は、自殺のやり方を延々解説した本など、正直やりたくなかったです(笑)。

そうして仕事を受けるかどうか決め倦《あぐ》ねていると、「まあ、とにかく著者連れて行きますから」とやたらとポジティブな編集者にうまく乗せられてしまい、それで実際、著者がいらっしゃって、おもむろになにやら取り出して、「これ、使えますかね?」と言いながら死体のいっぱい載った法医学写真集を見せられたときにはさすがに引きました(笑)。

しかし、ゲラを読んでいくうちに、本書の逆説的な意図に気づき始めるわけです。あらゆる自殺の方法を客観的なデータを交えて、本書は実にていねいに、感情抜きに淡々と解説していくわけですが、それによって図らずも、自死を行使することの特権

鶴見 済
『完全自殺マニュアル』
太田出版
1993.7/¥1165
装画―サダヒロカズノリ

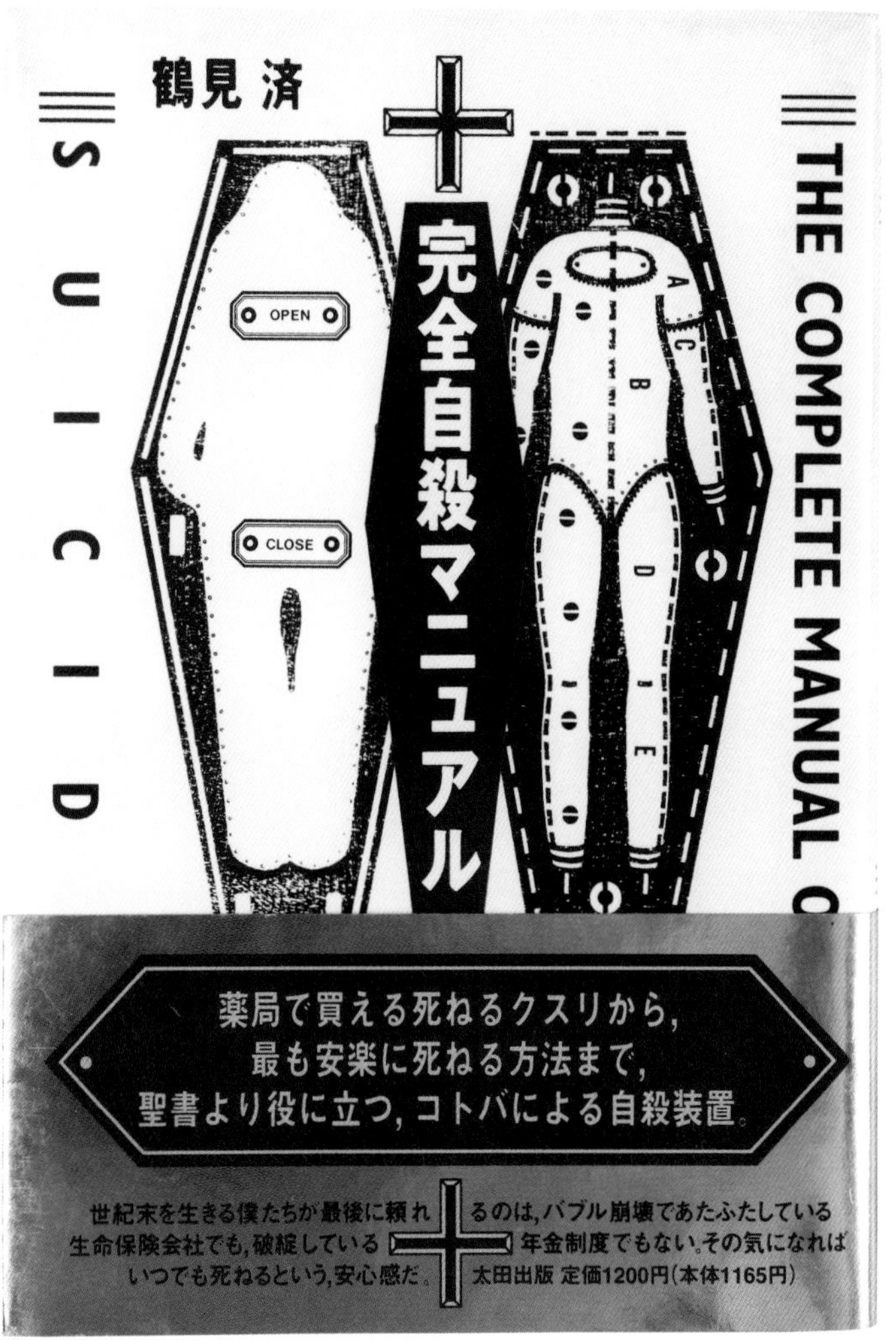

鶴見済
完全自殺マニュアル
SUICID
THE COMPLETE MANUAL O
OPEN
CLOSE
薬局で買える死ねるクスリから,
最も安楽に死ねる方法まで,
聖書より役に立つ,コトバによる自殺装置。
世紀末を生きる僕たちが最後に頼れるのは,バブル崩壊であたふたしている
生命保険会社でも,破綻している年金制度でもない。その気になれば
いつでも死ねるという,安心感だ。
太田出版 定価1200円(本体1165円)

性がクールに浮かび上がってきます。それは帯のコピーにもあるように、「その気になればいつでも死ねる」という強靱な「生き方」を導きます。現実に対して少なからず誰もが持つ、硬質な生きづらさが徐々に溶解するような、風穴がボコッと空いたような読後感がありました。著者自身、そういう追い詰められたキツい状況を生きたのだと思います。それを乗り越えるためにこの本を発明したのではないでしょうか。

同時に93年という、狂乱のバブル期終焉後の厭世的な気分にも見事に合致して、ミリオン・セラーとなったのは言うまでもありません。

イラストを提供してくれたのは、サダヒロカズノリさんです。ちょうどその頃六本木のアクシスで彼の個展があって、その作品から放たれる見たことのない黒っぽいエネルギーに圧倒され、この本にぴったりだなと直感しました。このイラストなしに、この本は語れません。

その後、周知のとおり、追従するがごとく多くの「マニュアル本」が刊行されました。昨年末だったか、件の編集者から激昂とともに、表紙をそのまんまパクった『完全自殺マニア』（笑）の存在を知りました。彼女は「訴訟だ！」と息巻いていましたが、その後どうなったんだっけ……。

自殺

『完全自殺マニュアル』から20年、タイトルもずばり『自殺』で、荒木経惟氏の著書などでお世話になっていた名物編集者、末井さんの自著です。

小学生のときに母親がダイナマイト自殺したことから始まって、その後の波瀾万丈の半生を交えながら、多くの取材とともにまとめた「自殺」についての論考です。

自殺というのは、立ちはだかる人生という壁の前で、向こう側に行くのを諦めることだと思いますが、末井さんはそんなことは構うことなく、「こっちから通り抜けられるよ」とニコニコしながら教えてくれるようなところがあります。また末井さんは自殺者の謙虚さがいとおしいと言い、もしかしたら自殺者が好きなのかもしれないとも言います。母親への思いがそうであるように、この底なしの優しさが本書の魅力ではないでしょうか。

装画のモチーフである「ムンクの叫び」は、依頼の当初から末井さんたっての希望でした。

末井昭
『自殺』
朝日出版社
2013.11／¥1600
装画―大竹 守

自殺

末井昭

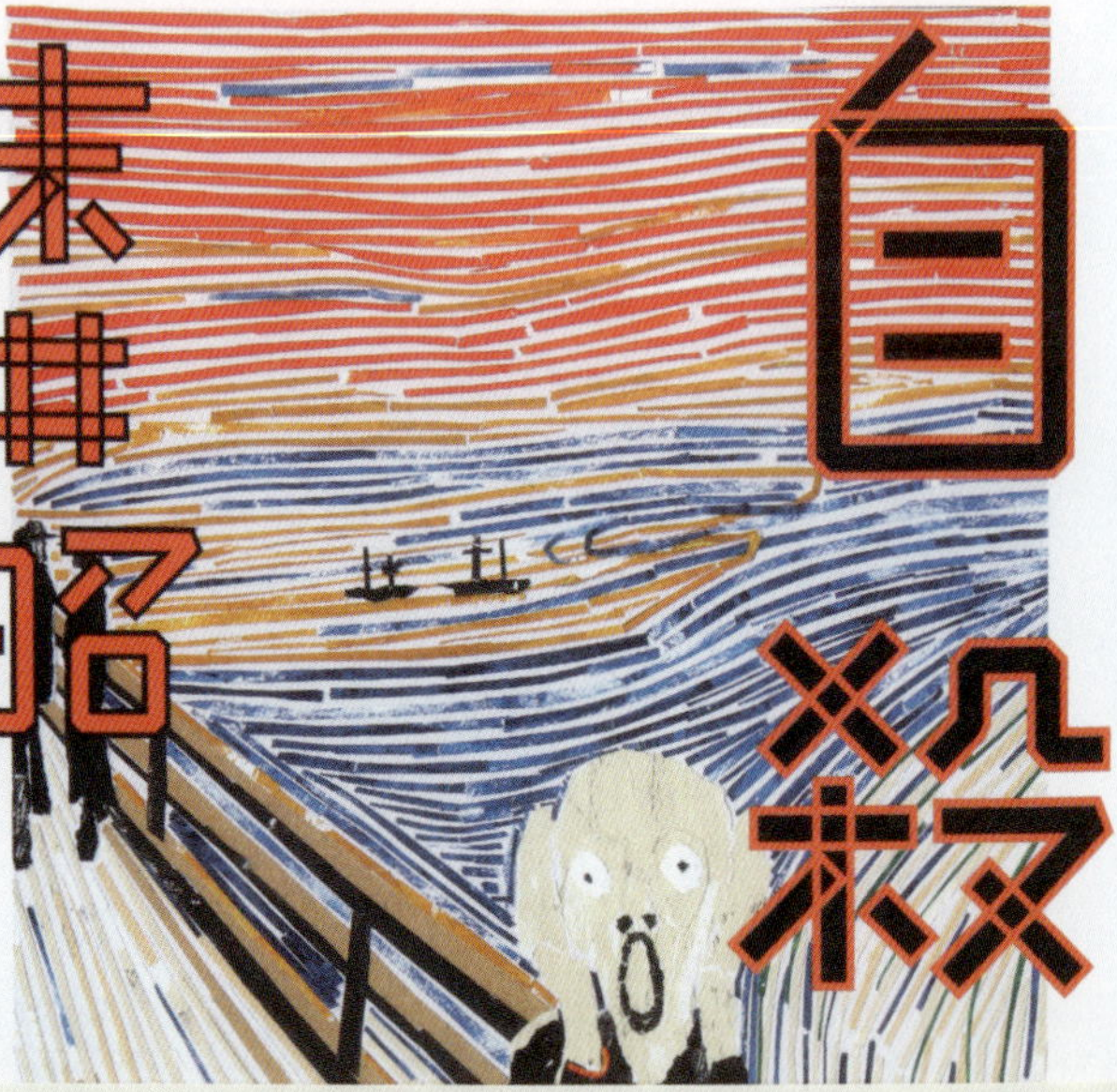

キレイゴトじゃない言葉が足元から響いて、おなかを下から支えてくれる。また明日もうちょっと先まで読もうときっと思う。

いとうせいこうさん

西原理恵子さん

母親のダイナマイト心中から約60年——
伝説の編集者が、ひょうひょうと丸裸でつづる。大人気連載、ついに書籍化。

あまりに有名なアイコンとして、もはやコミカルな印象しかなかったので、「自殺にしてムンク」はあまりピンとこなかったのですが、よくよく見るとこの叫ぶ人物の頬骨の張り様は末井さんに似てなくもない（笑）。オリジナルの陰鬱さをどうにか払拭できれば、末井さんらしいテーマへの関わり方として装画になり得ると判断しました。そこでイラストレーターの大竹守さんの貼り絵を利用させていただきました。手法のドライさが「軽やかな深刻」を見事に?表現しています。

装画はできたものの、タイトル、著者名をどう入れたものか、まるで考えていなかったのが仇となったのか、文字の大変入れにくいイラストであることが判明しました。こうなったら思い切って、フツーではあまりやりたくない、フチのついた袋文字にしちゃおう、との判断です。デザインというより、イラストの延長で文字を入れるのならこうなる、という居直りにちょっと近いかもしれません。

それはそうと、80年代、荒木さんの写真集を末井さん自身がずいぶん装丁していたこともあって、この本はそれなりの緊張を伴うものでもありました。課題を提出する学生のような……。

アル中病棟

失踪日記2

ヒット作『失踪日記』から8年ぶりの続編で、その後の、アルコール依存による入院生活を微に入り細に入り綴った手記です。全篇描き下ろし300ページ超えの、まさに渾身の作です。

前作の装丁は、本文中の印象的なコマを流用して着彩しましたが（☛）、今回は「病棟の俯瞰図」を著者にお願いして描き下ろしていただきました。本当にうまいですよね。病棟での日常が手に取るようにわかりますし、著者の実直な人柄も伝わってきます。

ストレートにタイトルを見せるため、装画の色付けは前作同様こちらで行っています。原画の線に対して、特色ピンクの2度刷りによる再現です。2度刷りの際、濃さを変えていて、そのままの濃さで2度刷りする部分（ピンク200％→肌と床面）、2度刷り目を半分の濃さにしている部分（ピンク150％→右。45の壁）、1度刷りのみの部分（ピンク100％→肌以外と左。45の壁）とピンクの濃さを3種類に分けることで立体感を出しています。白ヌキの大きなタイトルと装画のディテールを両立させるための工夫です。

吾妻ひでお
『アル中病棟』
イースト・プレス
2013.10／¥1300
装画―吾妻ひでお

病棟は楽しいよ
（吾妻）

過度の飲酒で
アルコール
依存症となり、
担ぎ込まれた
通称「アル中病棟」。

入院
したら
こう
なった！

緻密な描写。
ギャグマンガ家ならではの
客観的な視線。
『失踪日記』以上に
すごい作品です。
——とり・みき

ファミリー・シークレット

作家の柳美里さんが、なぜ我が子を虐待してしまうのか、その理由を求めて、臨床心理士とのカウンセリングを交えながら、自身のルーツを遡っていくという、まあ、大変な本です。ここまで自己に向き合い、さらにそれを社会に開示しようとする、作家という生き物って何なのか、考えさせられる一冊です。

装画は子どもの落書きのようにも見えますが、中村眞弥子さんというれっきとしたアーティストの作品です。彼女の作品は、就学前の子どもの内面——取り巻く空間に対して、言葉にできずに感情で反応してしまうような、そんな感受性がそのまま形になっているのが特徴です。

本書で柳美里さんが試みているのもまた、自分が生まれ育った環境や出自、意識化できなかった記憶を掘り起こして言語化していくという行為で、中村さんの作品に通ずるなと思い、お借りしました。

子どもの放埒なエネルギーの中に潜む、おぼつかなさとある種の禍々《まがまが》しさがこの本へのフックとなると考えました。

柳 美里
『ファミリー・シークレット』
講談社
2010.4／¥1600
装画—中村眞弥子

ファミリー・
シークレット
柳 美里
「子どもなんて、
いなければよかった」
作家・柳美里が、小説に閉じ込めてきた「過去」と
初めて向き合った、家族「再生」への感動ノンフィクション。

東京小説

5人の作家による「東京」をテーマにしたアンソロジーです。

この本の編者で長年東京在住のフランス人のコリーヌ・カンタンさんによれば、もともとフランス市場向けに企画されたもので、編集の途中で日本での刊行も並行して行われることになり、同時発売されたもの、だそうです。ちなみにフランス版のタイトルは、この作家たちにして、どうしてそうなるのか誠にもって不思議な、『トーキョー・エレクトリック』……。

それぞれ文章のスタイルも内容も異なるため、接点を探そうにも当然ながら「東京」しかないわけで、自ずとビジュアルは、どの作家にも公平に違和感なく合わせられるよう、風景写真でいくことにしました。

写真家・畠山直哉さんの、東京を俯瞰したパノラマ写真のシリーズから一点お借りしました。奥行きのある曇天の中、唯一原色を帯びて屹立する東京タワーの姿は、カバーを広げるとさらに印象的です（☛）。

椎名誠／林真理子／藤野千夜／村松友視／盛田隆二
『東京小説』
紀伊國屋書店
2000.4／¥1500
写真—畠山直哉

東京小説
椎名誠
林真理子
藤野千夜
村松友視
盛田隆二
街が、物語を呼び起こす
銀座、青山、下高井戸、深川、新宿——
5人の作家が書き下ろす、夢の競作集
日仏で同時刊行

畠山直哉さんと筑波大学

『東京小説』で写真をお借りした畠山直哉さんは、実は大学（筑波大学）の4つ上の先輩でもあり、私がこの仕事をするきっかけをくれた恩人でもあります。

当時私はグラフィック（視覚伝達デザイン）専攻の1年生で、畠山さんは大学院の「総合造形」という様々なメディアを用いた創作を学ぶところに所属し、その中で写真を専攻していました。グラフィックでも写真の授業があって、なにかと接点があるなか知り合いました。

そこでは、今は故人となられましたが、大辻清司先生を共通の師と仰いでいました。大辻先生は、50年代に瀧口修造、武満徹、山口勝弘などとともに「実験工房」という芸術家集団に所属していた前衛写真家で、のちに筑波大の教授となられます。畠山さんの担当教官でもあり、私ものちに大学院の修士課程で担当していただきました。

大辻先生の授業は、技術的なことだけでなく「写真を撮るとはどういうことか」「カメラとは？」「そもそも見るとは？　視覚とは？」という根源的な問いについて考えさせる大変刺激的なもので、大学2年の頃は専攻そっちのけで、写真ばかり撮っていました。

かたや畠山さんは当時、島尾伸三、築地仁ら数名と「カメラワークス」という写真家集団で活動していて、彼らが筑波に訪れて展覧会をしたり、華々しい活躍ぶりはやはり刺激的でした。私も一度、何回目かの展覧会に参加させていただきました。

それとは別に畠山さんは、どういう経緯か、劇団「第三舞台」主宰の鴻上尚史さんと接点があり、発足間もない頃の公演『朝日のような夕日をつれて』（1983年）のポスター制作を依頼されていました。DTPなどまだ無い時代ですから、印刷所への入稿用の写植の手配や版下制作等の雑務要員が必要だったのでしょう、それでその筋の専門であった私に声がかかったのです。それは私が3年のときで、同じことができる学生は他にもいたのに、たまたま私だったのです。それ以前の写真を通したやりとりがあったせいで頼みやすかったのだと思います。

そうして、アート・ディレクター畠山さん、私が実務担当のデザイナーという役回りで第三舞台のポスター制作となったわけです。二人とも学生だったので、アルバイト感覚でしたが。

その後、畠山さんは写真へ、私はグラフィックへとそれぞれの本分を定めるなかで、第三舞台の宣材は自然と私が引き継ぐことになり、成り行き上、鴻上さんの第一戯曲集であり、私の本の装丁第一号でもある『朝日のような夕日をつれて』（１９８３年）を手掛けることとなったわけです。鴻上さん25歳、私21歳でした。

それにしても、どこに人生の転機があるのかわかりません。大学の3年のあのときに、畠山さんのお声がかからなかったら、おそらく第三舞台との関係もなく、今こうして装丁を仕事とすることもなかったと思います。

さて、それから30年後、『気仙川』という畠山さんの著書の装丁を手掛けました。『東京小説』のように、何度か装丁用に写真をお借りしたことはありましたが、本人の著書は初めてです。気仙川とは、畠山さんの出身地である陸前高田の、ご実家のすぐ脇を流れる川です。

この写真集は、10年くらい前から撮っていたという気仙町の日常風景61枚と、震災の日から数日間の、連絡の取れない実家の母親の安否を気遣いながら、東京から現地へバイクで向かう道すがらを記したエッセイ、そして、震災後の変わり果てたふるさとの写真21枚によって構成されています。

大学以来それぞれ別な人生を歩んできて、畠山さんの活動の転機ともなるこの写真集に関われたことは感慨深いものがあります。

気仙川
畠山直哉
二〇一一年三月十一日、
ふるさとをおそった津波によって、
この写真のもつ意味はがらりと変わった
河出書房新社 定価 本体3200円 (税別)

畠山直哉
『気仙川』
河出書房新社
2012.9 / ¥3200

鴻上尚史さんと第三舞台

畠山さんと知り合い、そこから鴻上さん率いる第三舞台の宣材や本の装丁を担当したことから、私はグラフィックデザインの道に進んでいくことになったわけですが、その後、仕事のほとんどが本の装丁になっていくなかで、第三舞台のポスターやチラシのデザインだけは、変わらず担当させていただきました。そして、2011年から2012年にかけての公演「深呼吸する惑星」をもって第三舞台は解散となりました。

この世界に引き入れてくれた鴻上さんには大変感謝しているのですが、一方で、この30年間のポスターやチラシのデザインがいかに大変だったか……その恨み辛み(笑)についてもここで少し述べておきたいと思います。

この仕事が辛かった最大の原因は、宣材物作成時にまだその芝居を観ることができない、という一点に尽きます(当たり前なのですが……)。ほとんどの場合、台本すら出来ていない。あるのはタイトルぐらいで、一応制作サイドから「概念」的なものの説明はあるのですが、具体的なものがまったくわからないなかで、ビジュアルを作らなければならないのです。

普段やっている本の装丁であれば、まず原稿があります。それを読んで、ビジュアルの手がかりを探すわけです。要はデザインの根拠がどうしても必要なんです。デザイナーによっては、もっと感覚的にやっている方もいると思いますが、私の場合はそこに行き着く口実がないとできない(そういうわけでこの本そのものが口実の集成とも言えます。笑)。

鴻上さんの劇団のポスターやチラシの仕事は、その芝居を観ていない状況でやるため、その口実がまったく見つけられないわけです。これはキビシイ。自分の中の何かしらから絞り出さなければならない。そうすると、残念ながらでっちあげみたいなことになってきます。

それこそアーティストであれば、ちょっとした情報だけでいろいろ遊んじゃうと思いますが、私にはそれは本当に苦痛で仕方がなかった(笑)。

一応「今回はこういう内容です」と言われても、やはり芝居は観ると観ないとではまるで違います。実際、芝居を見終わっても私の仕事はこれで良かったのか悪かったのかわかりません。周辺にそのような、もしかしたらの賞賛や、かたや手厳しい苦言を呈する人などは幸か不幸かいなかったのも事実です。ある意味、心優しい人々に囲まれた幸せな環境だったのかもしれませんが、結局のところ、誰にもその舞台のシンボルとして正しいビジュアルなど言い当てられなかったのだと思います。

実際は、時代の寵児として倍々ゲームをひた走っていた、ムーブメントとしての第三舞台がまずありきで、私の苦悩が図らずもシンボルたりえていたのだと思います。運良く波に乗せていただいたということでしょう。せめて置いてけぼりを食わぬよう必死に付いて行ったというのが本当のところです。正直、次の公演のスケジュールが決まっている状況だけがあって、その点で第三舞台も、遅ればせながら私も同じそういう時代に生きていたのだと思います。

毎回、芝居に足を運んで、帰り際に鴻上さんの満面の笑みに出会うのが本当に苦痛でした（笑）。あの布袋様のような慈愛に満ちた笑顔は、私にだけは針の筵に見えてしかたありませんでした。

左の戯曲集はその苦悩の結果の、数あるうちの一部です。

そういうわけで、自分はあくまで原稿のある装丁の世界が向いているという、そのことを心からわからせてくれたのも鴻上さんだった、とも言えるようです。

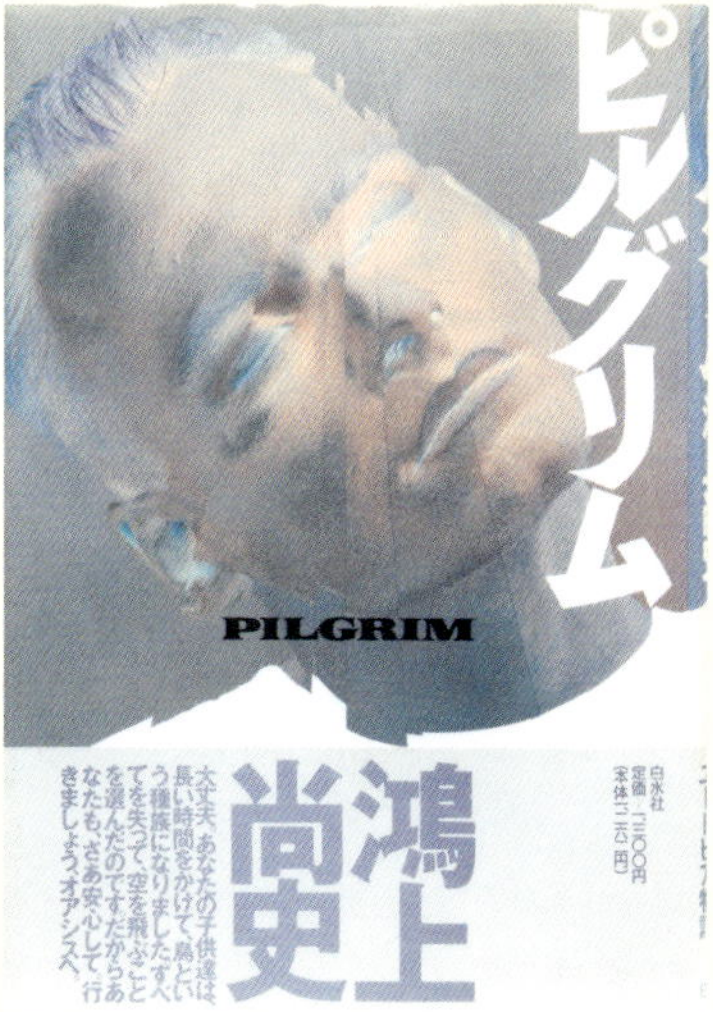

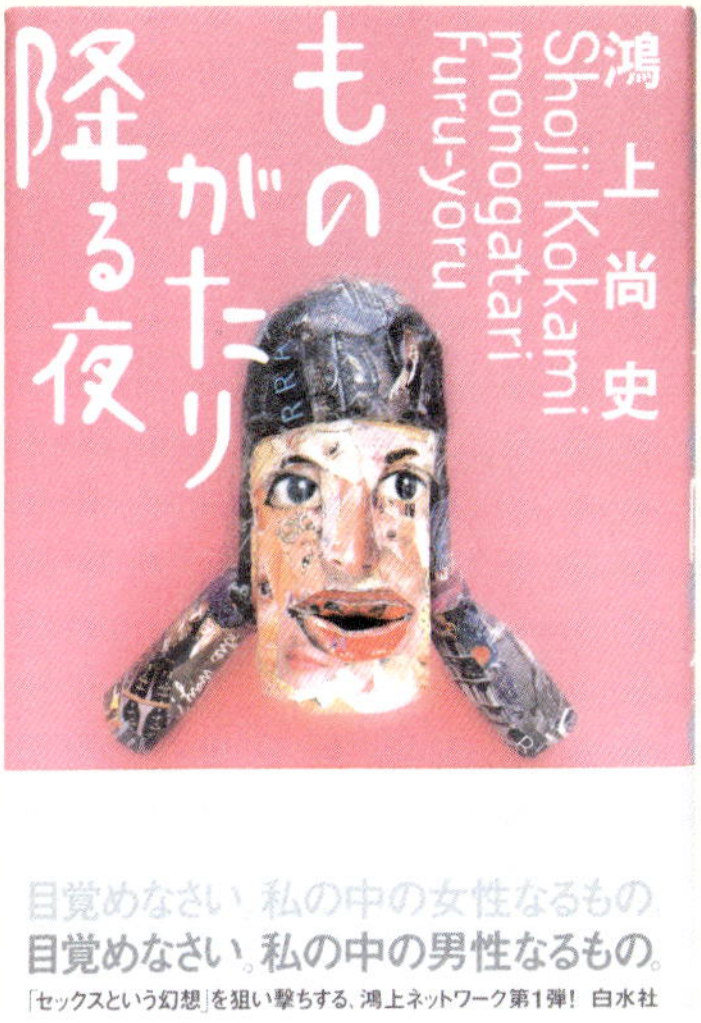

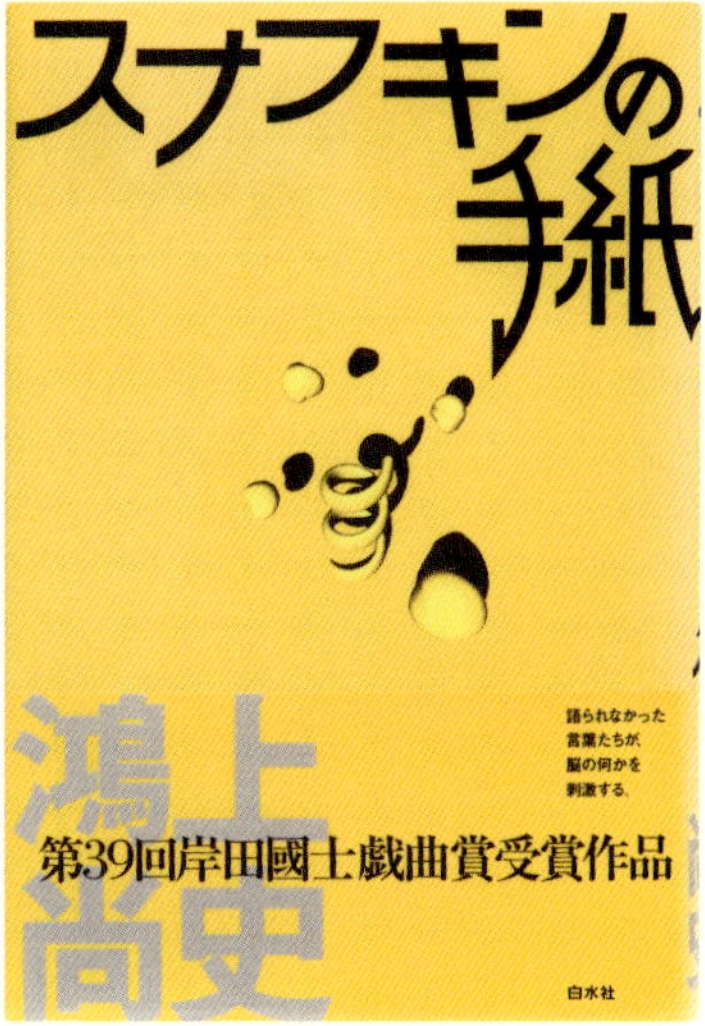

鴻上尚史
白水社

『ピルグリム』
1989.12／¥1262
カバー写真―岩切 等
メイクアップ―依田 豊
（VAZARA）

『ビー・ヒア・ナウ』
1990.12／¥1262
カバー写真―岡田初彦

『スナフキンの手紙』
1995.3／¥1456

『ものがたり降る夜』
2000.1／¥1600
装画―奥原しんこ

のはなし

さてこちらは伊集院光さんの日常雑感エッセイ集です。

タイトルが『のはなし』。一瞬何かの間違いかとも思いますが、上のほうに著者名を持ってきているので、「伊集院光」「のはなし」となります。

装丁は、まずイラストレーターに「各エッセイに出てくるものをとにかく絵に」とお願いしました。それを本文中の章タイトルのアイコンとして入れているわけですが、カバーにはそれを全部取り出して、ごちゃごちゃと並べてみました。それぞれがタイトルと結ばれると、例えば電話なら「電話」「のはなし」と見えなくもない。

イラストレーターはあずみ虫さんという方です。アルミの薄い板を切り刻んで形を作り、着彩して作品にしています。イラストレーターというのは、手法もまたそれぞれのオリジナリティになるわけですが、彼女の場合は特に奇抜で、アルミ板を刻むという「不自由さ」が作品の味になっています。ペンネームは故安西水丸氏の命名らしいのですが、どちらかというと「あるみ虫」な気がするのですが……（笑）。

伊集院光
『のはなし』
宝島社
2007.9／¥1200
装画―あずみ虫

伊集院光

のはなし

書店に並んだ姿を見たら
思わず涙を流すと思う。
うんこをもらすと思う。
万引きはしないと思う。（本人談）

宝島社
定価：本体1200円＋税

連載5年構想4年修正1年、伝説のエッセイ、ついに刊行！

あずみ虫さんのこの絵の感じと伊集院さんって、なんだか雰囲気が似てますよね？

なぜなんでしょうか……。

たぶん、対象との距離の取り方が似ているからなんじゃないかと思うんです。あんまりズケズケと入っていかない……深入りしないんだけれども、突き放しているわけではない。些末なこと、くだらないことに面白がったり、不条理なことに憤慨したりするわけですが、ただ一貫しているのは対象への愛おしさではないでしょうか。

これを読むと、伊集院さんっていい人だなってわかりますね。いつまでも読んでいたい、癖になるような、なんだか妙にアンビエントな本です。それは噺家ならではの、居心地の良い場を作ってしまう才能のなせるワザである気がします。

このシリーズ、いつまでも続いてもらいたいので編集に聞いてみたら「本人はずっと続けるつもり」とのことで、それはそれで楽しみではありますが、『のはなしじゅういち』とかになったらタイトルが入り切らないので、困りますよね(笑)。

『のはなし に』
2009.10／¥1200
『のはなし さん』
2010.10／¥1200
『のはなし し』
2014.6／¥1200
装画―あずみ虫

逃避めし

不条理マンガの魁《さきがけ》、吉田戦車氏による、どういうわけか料理エッセイです。私の場合、仕事が立て込んでくると、なぜだか身の回りのお片付けがしたくなります（決して仕事のお片付けではありません）。吉田氏の場合は料理なんですね、これが。「何も今作る必要はない。だが、そんなときにこそうずくのが逃避の虫である。仕事が遅れるかもしれない、担当編集者に申し訳ない。そう思う気持ちこそが、なによりのスパイスだ」などと見事な言い訳が帯の表4にあるように、79の創作「逃避」料理が豪華カラー写真付きでご披露されています。氏の奇妙な食癖も描き下ろしイラストとともに堪能あれ、ってとこでしょうか。

吉田氏撮影によるリアルな料理の完成写真が満載なのですが、カバー装画に使うには「うーむ」というところで、もちろん本人にイラストを描いてもらう案も考えたのですが、漫画本に見える可能性があるので却下。「漫画家」「逃避」「料理」に相応しいビジュアルとは……？　誠に悩ましい事態です。

吉田戦車
『逃避めし』
イースト・プレス
2011.7／￥1400

逃避めし
吉田戦車
シメキリ迫る非常時に、なぜか創作料理を作ってしまう。そんな逃避の日々を綴った、著者初の私的料理エッセイ。描き下ろしイラスト多数と、新作『めしまんが』も収録！
「台所に住みたい」
（吉田戦車）
きらわれた

しばし暗礁に乗り上げ、決断をズルズル先延ばし、というか逃避していたわけですが、そうこうしているうちに、編集者が「こんな写真がありました」と持ってきたのが、こちらの逃避中の「現場写真」です。

吉田氏の奥方撮影によるこの写真を見たときは驚喜しました。ご覧のように、撮影されているのをまったく気にすることなく、ただひたすら料理に没頭している風景で、「逃避」という行為のかけがえのなさ、ある種の近づきがたさに聖域性すら感じずにはいられません（笑）。

というわけで、カバーの表1から表4にかけて、ひとつの料理が出来上がって、それを食すまでを連続写真として入れています。料理が完成し、まず台所であらかじめ味見をし（）、その後食卓でゆっくり味わうあたりがいいですね（）。

昼のセント酒

『孤独のグルメ』『花のズボラ飯』の原作者久住昌之氏によるエッセイ集です。支離滅裂な夢を絵付きで解説した『夢蔵』（1995年）という本以来、実に十数年ぶりの久住本の装丁になります。それにしても、学生の頃読んだ泉昌之名義の『かっこいいスキヤキ』は衝撃的でした。「腹が捩《よじ》れる」とは、あの本にこそ相応しい形容です。

さてこの本ですが、著者曰く、勝ち組のライフスタイル（?）の提唱になっていて、昼過ぎから銭湯でひとっ風呂浴び、その爽快感のまま開いている居酒屋に直行してまずはビールをひっかけ、いろいろアテを堪能したあと、夕方くらいには帰宅してしまいましょう、という本です。そのための銭湯と居酒屋のセットが、東京を中心に十軒くらいずつ紹介されています。

装丁は迷わず、銭湯と居酒屋です。泉昌之作品ではおなじみのトレンチ男の等身大パネルを作って、表1は湯船に、表4は居酒屋のカウンターに配置させて撮影しています。簡単に見えますが、けっこう大変でした。

久住昌之
カンゼン
各￥1300

『昼のセント酒』—2011.12
撮影協力—浜の湯／
浜田山大衆酒蔵 かのう

『ちゃっかり温泉』—2012.12
撮影協力—手打ちそば湧水／
深大寺温泉ゆかり

『ふらっと朝湯酒』—2014.1
撮影協力—よみうりランド 丘の湯／
アラパンス

装画—和泉晴紀
写真—野口 博

昼のセント酒
久住昌之
画・和泉晴紀
『孤独のグルメ』『花のズボラ飯』の久住昌之が描く、楽酔エッセイ
湯上りの一杯に花ちゃんもご満悦!
『花のズボラ飯』
©久住昌之／水沢悦子（エレガンスイブ）

こいつを湯船に浮かべるのを、どうしたもんか……。材質がスチレンボードであるため、お湯の中でどーにも安定しないわけです。試行錯誤の結果、実はウチの社員（うら若き女子）が水着になって、彼の背後で支えてもらうことになりました（笑）。

このように、苦労してわざわざ実際にパネルを作って撮影せずとも、パソコン上で合成・加工しても同じように見えるかもしれませんが、ただ久住さんの本なので、そういう嘘は許されません。やっぱりこのキャラが、ちゃんとそこに居合わせて、その空気を体現してもらわないとこの装丁は面白くない、という判断です。実際は撮りっぱなしじゃなくて、その後いろいろパソコンで微調整はしていますが……。

この本は（意外に？）受けたらしく、続編の『ちゃっかり温泉』『ふらっと朝湯酒』と、このところ年末年始の恒例行事のごとく毎年手掛けています。

『朝湯酒』では、「朝っぱらから風呂に入って酒飲んで寝る！」って、勝ち組のたしなみから始まったはずのこの企画、ここまでくると勝ち組なのか負け組なのか……微妙なことになってませんかね？

いずれにしても、湯船のトレンチ男「お支え要員」の彼女は、この企画の必須メンバーであり続けています。

日日是好日

「お茶」が教えてくれた15のしあわせ

茶道歴20年以上の著者が、「お茶」とともに過ごす日々のあれこれを描いたエッセイ集です。単なる作法の羅列ではないお茶との「日常」がきちんと描かれていて、ド素人の私にも、お茶の稽古を通して精神的に成長していく様子がリアルに伝わってきて、非常に感動的です。「父の死」の際の、稽古の描写には泣きそうになりました。

しかしながらどういうわけか、装画のイメージが浮かびません……。お茶の写真でやってしまうと茶道のマニュアル本のように見えてしまうので、そうではなく、茶道が日常にもたらす精神的な「豊かさ」に重心を置くにはどうしたらいいのか？

ポイントは、この長いタイトルまわりの見え方です。しかもタイトルには「日日是《にちにちこれ》好日《こうじつ》」とルビを入れたいとのことで——私はルビが入るのが大嫌いなんですが——つまり4つの文字要素（書名、ルビ、副題、著者名）を配置しなければならず、その文字数も5、10、15、4と、なんとも中途半端。どうにか視覚的な整合性を与えたいところです。

森下典子
『日日是好日』
飛鳥新社
2002.1／¥1500
帯写真―後 勝彦

日《にち》日《にち》是《これ》好《こう》日《じつ》

「お茶」が教えてくれた15のしあわせ

森下典子《もりしたのりこ》

「お茶」が教えてくれた15のしあわせ

五感で季節を味わうよろこび

週に一回、「お茶」の稽古に通ううち、
気がつけばもう25年。
「失恋」「父の死」「コンプレックス」……、
辛い季節を「お茶」とともに
乗りこえた、感動の成長ヒストリー。

飛鳥新社

結果はご覧のとおりですが、解決策として採用したのは、漢詩の読み順を指示する返り点の「一二点《いちに》」や「レ点」のイメージでした。タイトルが漢詩のようでもあるので、あえて漢詩の雰囲気を出したほうが、(文字が多くても)レイアウトとしては落ち着くのではないでしょうか。

ルビも、サブタイトルと同列にすることで、視覚的なバランスが取れます。著者名にルビは不要ですし、自らさらに文字数を増やしているようですが(笑)、こちらもバランス的にはあったほうがいい。あと、「典森子下」に見えてしまうのを避けるためでもあります。

これだけだとあまりに何の本かわかりにくいため、帯にはお茶の写真を入れています。こういう入れ方なら、全体としてマニュアル本には見えないと思います。

カバーの紙は、生成《きな》りのものを使い、表1の白地はオペークインクで正方形を印刷し、その上にスミでタイトルまわりを載せています。白い正方形の上で居住まいを正すような、上品な佇まいを狙いました。

現実入門

歌人である著者が、献血や合コンなど、これまで避けて通ってきた様々な「現実」に、40を過ぎてあえて挑んでみた、という体験をまとめた本です。著者の細やかな感性からしてみれば、現実は想定外な上に奇天烈さに満ちていて、まるで異星人による地球のレポートを読むような楽しさがあります。

装丁は、身近でしかも「確たる現実」を突きつけるものは何かな、ということから道路標識をモチーフにしてみました。ご覧のように、「Uターン禁止」で後戻りできないことになっています。

路上にしゃがんで、「どーしたものか」と佇む彼は著者本人です。「著者名」「サブタイトル」、帯の「キャッチコピー」も実感を込めてご本人に書いてもらいました。

容赦なく迫り来る「現実」を表現したいと思い、見返しも標識で埋め尽くしています。しかも標識（オレンジの部分）はUV加工のため、やや盛り上がってテカテカに輝いております。

穂村 弘
『現実入門』
光文社
2005.3／¥1400
写真—髙橋和海

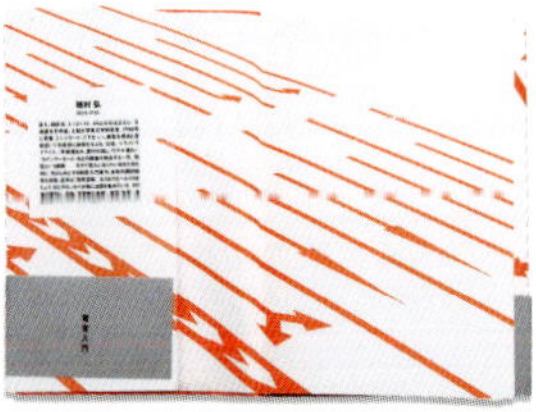

現実
入門
穂村弘
ほんとにみんな
こんなことを？
このまま一生 何もせずに
終えることはできない——。
「現実」を怖れ、逃げ続けてきた男が、42歳にして初めて挑む。
やるぞ、献血、合コン、部屋探し、そして遂にプロポーズ！
光文社

桐島、部活やめるってよ 他

「小説すばる新人賞」を受賞した著者のデビュー作で、バレー部のキャプテン桐島が部活をやめたことによって広がる波紋を、５人の高校生それぞれの視点を通して描いた青春小説です。１９８９年生まれの著者は当時まだ早稲田の学生でした。

その後、何冊か朝井リョウ作品の装丁を手掛けたのですが、彼の作風は登場人物それぞれの視点が重なり合って「現実」を明らかにしていく手法で、複合的な視点が物語に深みを与えています。もちろん全部が作家の主観による創作に違いはないのですが、登場人物の各主観に分散させる手法は、本来機械による曖昧な視線である写真が似合う気がしました。

『桐島―』のカバー・ビジュアルは、高校生を撮り続けている写真家小野啓さんによるものです。小野さん以外の選択肢は考えられませんでした。小野さんはすぐに、自らの高校生のネットワークを駆使してモデルを探し、ロケーションの学校と、登場人物に相応しいシチュエーションを工夫し、あれよあれよと瞬く間に写真集が一冊出来るくらいたくさんの写真を用意してくれました。

朝井リョウ
『桐島、部活やめるってよ』
集英社
2010.2／¥1200
写真―小野 啓

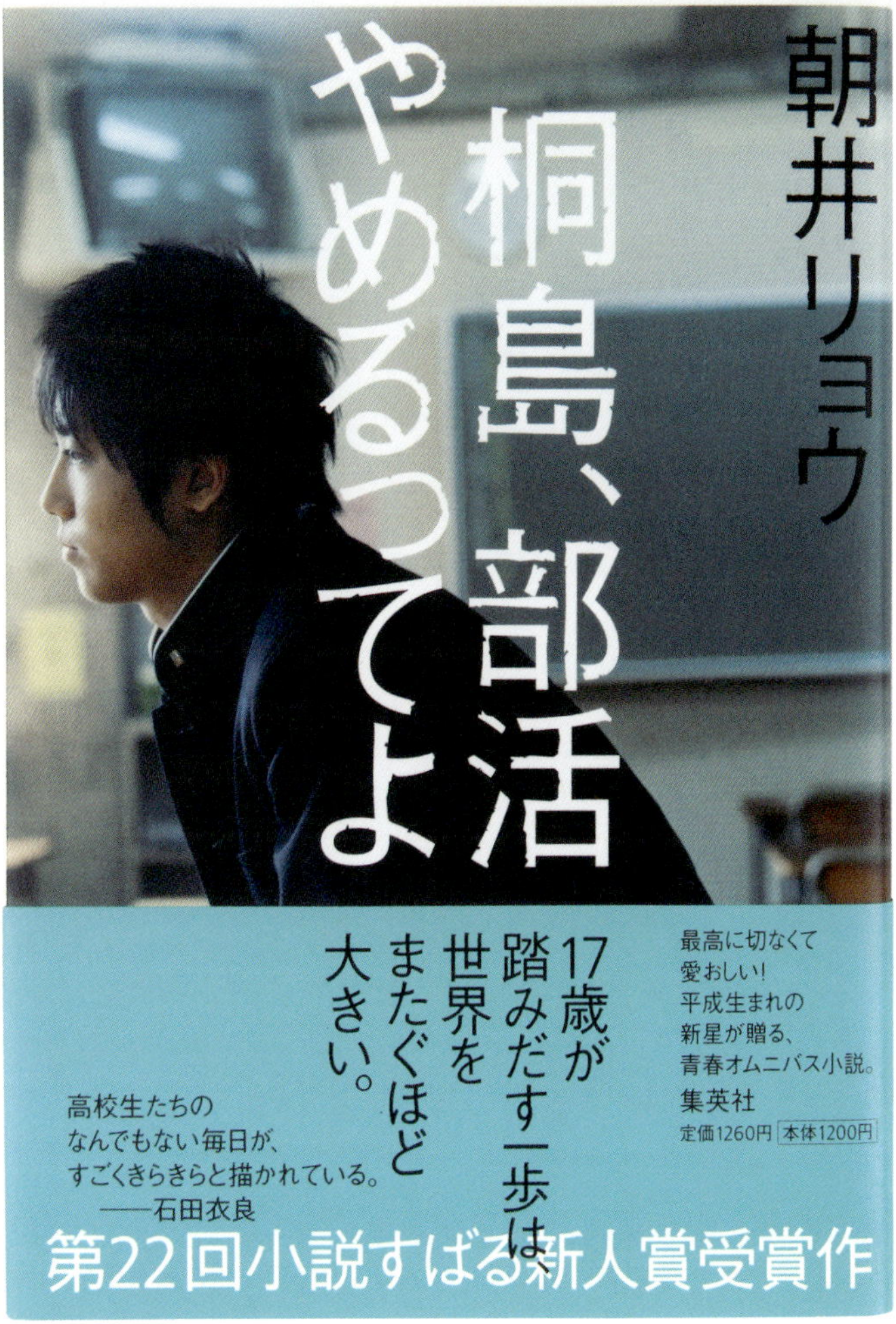
朝井リョウ
桐島、部活やめるってよ
17歳が踏みだす一歩は、世界をまたぐほど大きい。
最高に切なくて愛おしい! 平成生まれの新星が贈る、青春オムニバス小説。
集英社
定価1260円 本体1200円
高校生たちのなんでもない毎日が、すごくきらきらと描かれている。
──石田衣良
第22回小説すばる新人賞受賞作

一応カバーに使うモデルは何人かの候補の中から予め選ばせてもらったのですが、それ以外にも大勢撮っていただいたので、カバーだけでなく、本文中の章扉にも本物の高校生が大活躍しています。同じ版元から出た次の作品『少女は卒業しない』も、同じく小野さん撮影によるものです。

『NEW TEXT』は、そんな小野さんが約10年間に撮り溜めた高校生約500人を収録した集大成とも言える写真集です。この表紙、地獄でした（笑）。タイトルが「テキスト」ということもあり、登場した全員に、「NEW TEXT」と実際に書いてもらおうと小野さんに提案してみたら、本当に500個の手書きタイトルがすぐに集まってしまいやめるにやめられなくなりました。そこからが地獄の始まりです。中心に白く浮かび上がるタイトルの外に全部合成しましたが、3日くらいかかりました……。よく見ると「NEW NEXT」と書いてる奴もいる（笑）。

その中に出ていた子――なんたる奇遇か、『少女は――』と同じ子でした――を使って装丁したのが『アンダスタンド・メイビー』です。上巻が写真集収録の高校生の頃で、下巻はそれから3年くらい経った現在の彼女を撮り下ろしてもらいました。物語の経過とうまくリンクできたと思います。

朝井リョウ
『少女は卒業しない』
集英社
2012.3／¥1300
写真―小野 啓

小野 啓
『NEW TEXT』
赤々舎
2014.1／¥3800

島本理生
『アンダスタンド・メイビー』
中公文庫
2014.1／上巻¥722・下巻¥705
写真―小野 啓

NEW TEXT

アンダスタンド・メイビー
上
understand maybe vol. 1 rio shimamoto
島本理生

アンダスタンド・メイビー
understand maybe vol. 2 rio shimamoto
下
島本理生

中公文庫

中公文庫

星やどりの声

こちらも朝井リョウ作品ですが、湘南で喫茶店を切り盛りする一家の物語で、建築家の夫に先立たれた母親とその子供、男女3人ずつの6人兄弟それぞれの視点から、彼らが家族から巣立っていくまでを描いたハートフルな小説です。

喫茶店の天井に星の形をした天窓があって、そこから親父の声が下りてくる＝星が宿る、というのがタイトルの由来ですが、リアルな内容のわりにタイトルが、ややファンタジックな絵本っぽいイメージを連想させるので、そのままイラストでやってしまうと既視感があるものになるなと思い、今回も写真です。

ただ、人物ではなく小説の舞台をさらりとやりたかったので、湘南を自分で撮りに行きました（笑）。猛暑の中、二日間も（一日目に露出を失敗したので）。写真学課の課題のような瑞々しさを狙ったつもりではありません。

プロに撮ってもらうとその人の作風になってしまいますが、私が撮れば作風も何もないので、それなりのリアリティが出るはず……ということで僭越ながら、カバーだけでなく扉にもたくさん入れさせていただきました。

朝井リョウ
『星やどりの声』
角川書店
2011.10／¥1500
写真―鈴木成一

星やどりの声
hoshi yadori no koe
asai ryo
朝井リョウ
星になったお父さん。
お父さんの宿題、
ちょっと重たいです。
〝家族〞が独り立ちするひと夏の物語。
推薦します!
卒業の今日を迎えるこのありふれた家族に、
どうか幸多からんことを。有川 浩
僕の好きな人が、
この本を読んでくれますように。中村 航

S&Mシリーズ 新装版・全10冊

森博嗣さんの、デビュー作を含むミステリーシリーズの文庫「全10冊」の、リニューアルです。いやー大変でした。

主人公のN大助教授犀川が、科学的かつ深遠な洞察力によって、事件解決の糸口を発見していくわけですが、彼の物の見方が変わっています。物事の表層——色や形、質感などに惑わされることなく、独自のフィルターを通して本質を突くようなやり方で、要するにそれが森博嗣の視線なんですが、そういう、物の見方そのものをビジュアルとして表現できないか？というのがねらいです。

最初、アーティストの名和晃平氏による「PixCell」シリーズが思い浮かびました。それはビー玉を動物の剥製などにぎっしりと張り付けたもので——見ないとわからないと思いますのでネットで検索して下さい——そうすることによって物の別の位相を立ち上がらせるような作品です。恐れ多くもご本人に、「小説に登場するアイテムにそれを施せないか、しかも短時間で、10冊分」という無謀とも失礼とも言えるお願いをしたところ、興味は示していただけたのですが、やはり時間的な制約で実現には

森 博嗣
講談社

『すべてがFになる』
1998.12／¥733

『冷たい密室と博士たち』
1999.3／¥690

『笑わない数学者』
1999.7／¥730

『詩的私的ジャック』
1999.11／¥695

『封印再度』
2000.3／¥781

装画作成・撮影—岩田和美

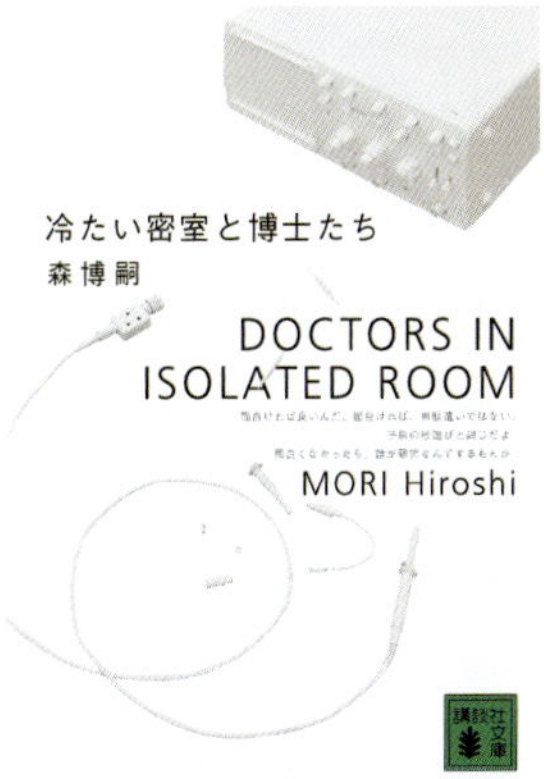
冷たい密室と博士たち
森博嗣
DOCTORS IN ISOLATED ROOM
MORI Hiroshi

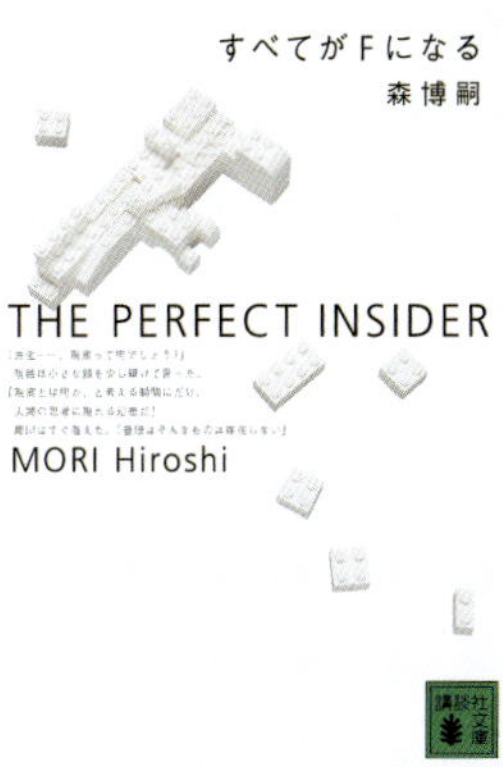
すべてがFになる
森博嗣
THE PERFECT INSIDER
MORI Hiroshi

詩的私的ジャック
森博嗣
JACK THE POETICAL PRIVATE
MORI Hiroshi

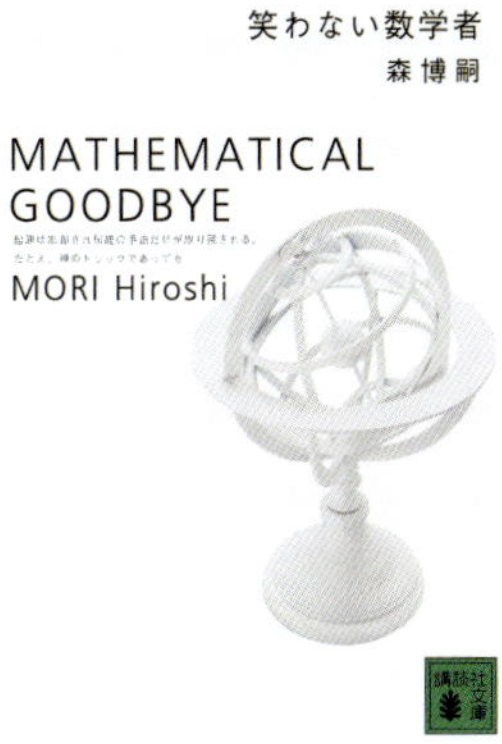
笑わない数学者
森博嗣
MATHEMATICAL GOODBYE
MORI Hiroshi

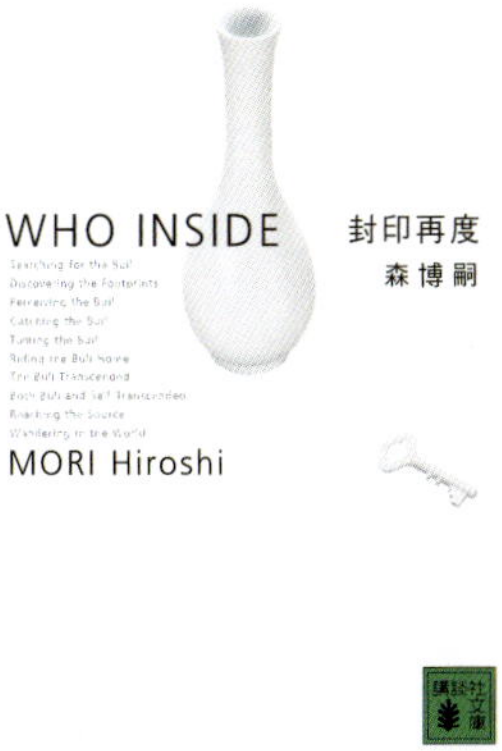
WHO INSIDE
封印再度
森博嗣
MORI Hiroshi

夏のレプリカ
森博嗣
REPLACEABLE SUMMER
MORI Hiroshi
講談社文庫

幻惑の死と使途
森博嗣
ILLUSION ACTS LIKE MAGIC
MORI Hiroshi
講談社文庫

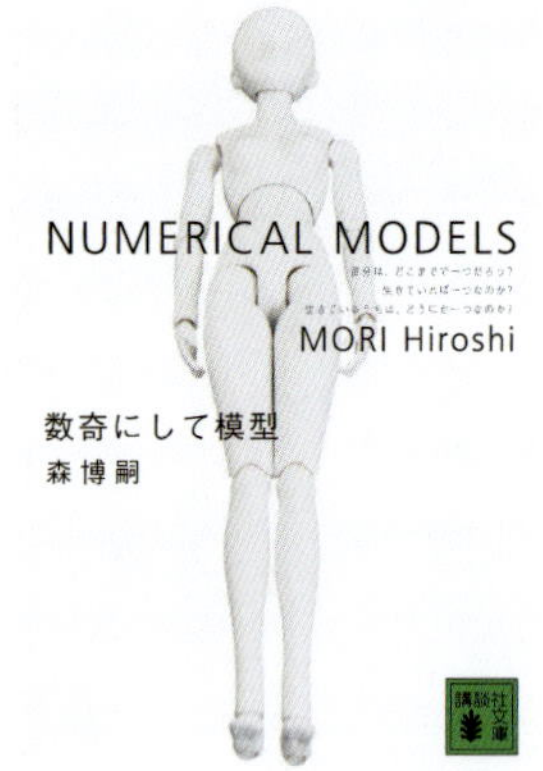
NUMERICAL MODELS
MORI Hiroshi
数奇にして模型
森博嗣
講談社文庫

今はもうない
森博嗣
SWITCH BACK
MORI Hiroshi
講談社文庫

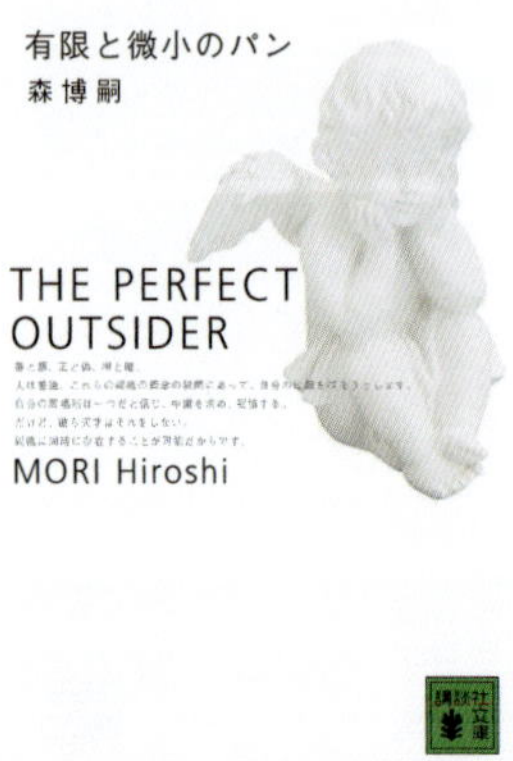
有限と微小のパン
森博嗣
THE PERFECT OUTSIDER
MORI Hiroshi
講談社文庫

至りませんでした。

そしてひねり出したアイデアは、張り付けるのではなく、逆に剥ぐ方向です。

ご覧のとおり、物語に登場するアイテムをとにかく漂白してみました。事物の色彩を取り除いて、情報をフラットに、構造そのものに注目したわけです。


アイデアは固まったものの、具現化までにはいくつもの困難が待ち受けていました。まずは実現可能、入手可能なアイテムの選定。「天球儀」「壺」「鍵」「鳩」「天使」はネットから、ひとつひとつコストと納期を編集に確認しながら探して購入。「ヘッドホン」「チェス」「傘」「ブラウン管オシロスコープ」は足を使って街中から調達。

ブツが揃ったら、今度は白塗りです。事務所前の駐車場に巨大なブルーシートを広げ、ご近所迷惑を顧みず、白のスプレーで塗装します。各アイテムを同質な表面にしなければならないので、薄くスプレーして乾燥させてからまたスプレーという、プラモデルでよくやる作業を繰り返します。そして撮影。

以上すべてを、私がやったわけではなく、ひとりの女性アシスタントがやりました（笑）。もはやデザイナーの仕事の域をはるかに超えています……。

その後事務所には、真っ白いオブジェが、これ見よがしに並べられていました。

森 博嗣
講談社
『幻惑の死と使途』
2000.11／¥781
『夏のレプリカ』
2000.11／¥733
『今はもうない』
2001.3／¥790
『数奇にして模型』
2001.7／¥943
『有限と微小のパン』
2001.11／¥1143
装画作成・撮影―岩田和美

女王の百年密室

森 博嗣
『女王の百年密室』
幻冬舎
2000.7／￥1900
写真―クリスティナ・ガルシア・ロデロ

森さんの本はもう何十冊も手掛けているのですが、２０００年に出たこの本は、森さん自身が装画を指定されたレアなケースです。

本の冒頭に、「クリスティナ・ガルシア・ロデロに感謝する。彼女の一枚の写真が、この物語のすべてと等しい。」とあるように、まずはこの写真ありきのようです。中東かどこかの部族の祭壇でしょうか。少女は女王というより、招かれざる王位継承者として幽閉されているようにも見えます。とにもかくにも、この写真が作品世界の決定的なシンボルとして与えられたので、このイメージを本という構造の中にどう組み込んでいくかです。

まず、モノクロのオリジナル写真を3色に分解しました。基調色となる金色の版、柔らかな調子を作る軟調なスミ版、暗部を締める硬調なスミ版――この3版を重ねることによって再現しています。

タイトルのタイポグラフィは、写真の持つ厳粛さとエキゾチシズムから発想しています。少女の背景にあるタペストリーの柄はトレースし、カバーの背と別丁扉では金

女王の
百年密室
MORI Hiroshi
森博嗣
GOD SAVE THE QUEEN
〈密室〉の扉は、いま開かれる。
新世紀=森ミステリィの黄金傑作!
書き下ろし長編小説
幻冬舎
GENTOSHA
定価(本体1900円+税)

とスミ、表紙では黒の用紙に柄を抜いた金、章扉は単色で使用しました。

「女王」シリーズはこの『女王の百年密室』（幻冬舎）を始めとして、２００３年の『迷宮百年の睡魔』（新潮社）、２０１３年の『赤目姫の潮解』（講談社）へと、版元を超えて引き継がれました。写真はいずれもクリスティナ・ガルシア・ロデロ氏によるものです。同時に、写真再現とタイポグラフィ、用紙、加工に関しても『女王の百年密室』を正確に踏襲しています。

『迷宮百年の睡魔』
新潮社
2003.6／¥1900

『赤目姫の潮解』
講談社
2013.7／¥1700

写真―クリスティナ・ガルシア・ロデロ

傷痕

マイケル・ジャクソンがモチーフになっていて、その生と死、家族、残された「傷痕」という名の愛娘を通して描かれる、世紀のポップスターへのオマージュとも言える再生の物語です。

桜庭さんの小説は、『私の男』『ファミリーポートレート』『道徳という名の少年』もそうですが、いわゆるイラストよりも、アート系の作家のほうが似合うと思います。イラストレーションはあくまで常識的な意味や内容を伝えるためのツールですが、アートは常識的な意味や内容を超えたところにあるものです。

桜庭さんの小説が持つ病的な魅力と言いますか、ある種の狂気をビジュアルで表現するには、常識を振り切ったところにあるアートのほうが、むしろ最適なコミュニケーションの回路となって機能するように思います。

そこで今回お願いしたのは何年か前の原宿スパイラルで催されたエマージング・ディレクターズ・アートフェア「ULTRA」で見つけた作家、田中千智さんです。

その作品を前にして絶句したのを覚えています。日常の猥雑さとか雑念がフッと取

桜庭一樹
『傷痕』
講談社
2012.1/¥1600
装画—田中千智

桜庭一樹
傷痕
彼は
世界に
愛された、
だが――。
突然この世を去ったスーパースターが残した愛娘をめぐり、
大人たちの欲望と思惑が交錯する。
最愛の人を失い傷ついた少女の悲しみと回復、
そして再生を丹念な筆致で描き出す。
講談社
直木賞作家・桜庭一樹の最新長編

り払われて、同時に圧倒的で清々しい沈黙に支配されるような、そして、そこから立ち上がってくる存在することへの強い意志……。その寓話的なムードも手伝って、「傷痕」の「生」そのものだと思った次第です。

こちらからは「観覧車から離れて旅立つ少女」をお願いしたんですが、少女の顔がなかなか決まらず、何回も描き直していただきました。おかげでこの微妙な表情――泣いてるでも笑ってるでもない、切なくもあり、怖くもある複雑なすごくいい顔になりました。

タイトルはA1明朝という書体で、拡大するとわかりますが、線と線が交わる部分が滲んだように丸くカーブしています。もともと写植の文字ですが、たぶん長い年月の中でコピーを繰り返しているうちに劣化して、輪郭が甘くなったと思われます。それをそのままデジタル化しているため、その独特な使い込まれた感が空間によく馴染みます。一番風呂じゃなくて二番風呂みたいな(笑)、当たりのやわらかさ、鮮度が落ちたUSED感が好きで、私はこの書体をよく使ってしまいます。この本の本文書体もこれを使用しています。

カバーの背は、ポップスター宅に鎮座する例の観覧車。

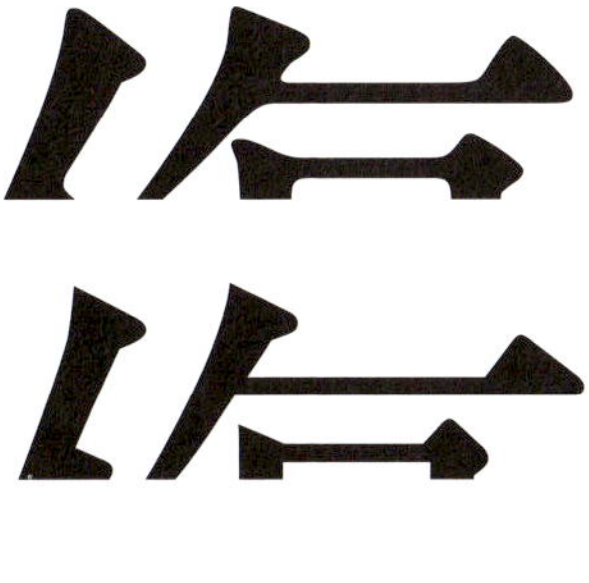
「傷」の上部拡大。上がA1明朝。

ユリゴコロ

25歳くらいの男の主人公が、父親の書斎の押し入れから発見したノートを読み進めることで、物語が進んでいきます。それはある人物が幼少の頃からの自分の性癖と異常行動を淡々と綴ったもので、これがものすごく生々しい……。その人物は「(心の)拠りどころ」という言葉を、幼い頃に「ユリゴコロ」と聞き間違え、そのユリゴコロを求めて生きていくわけですが、人(特に女性)の心の不安定さと残虐性、そしてそれがあるとき反転して得られる多幸感など、繊細な描写が実に見事です。かつエンターテイメントとしても読ませるという、いやー引き込まれました。ラストで明かされる驚愕の事実には本当に驚きました。

装画は、高松和樹氏に、「裸でうずくまる少女」をお願いしました。オリジナルは彼の他の作品同様モノクロですが、今回は作品のエンターテイメント性を重視して、着彩と、作中通奏低音のようにしとしと降り続けている雨の波紋を合成しています。CGによって完璧に描かれた高松さんの作品は、その静謐さゆえ、微かで消え入りそうな少女の声がしんしんと忍び寄ってくるようです。

沼田まほかる
『ユリゴコロ』
双葉社
2011.4／¥1400
装画―高松和樹
写真―Tetra Images / Corbis / amanaimages

ユリゴコロ
沼田まほかる
yurigokoro
numata mahokaru
暗黒の欲望に
とり憑かれ、さまよう魂。
運命は、たったひとつの
愛と出会わせた。
沼田まほかるの小説は、
身も心もからめとる——。
おそるべき筆力で描ききった
衝撃の恋愛ミステリー
双葉社
私は人を
殺すときだけ、
世界と
つながれる
のです。

火口のふたり

結婚式を5日後に控えた直子と昔の恋人賢治の極限の愛の物語――と言いますか、要するにひたすら性交してるだけなんですが(笑)、なぜそういうことになっているのかもよくわからない。きわめてフィジカルな衝動だけで成り立っている小説です。

装丁も当然そういう写真です。風俗系のそういう写真がいくらでもあるなかで、写真家が真摯に撮ったものはないだろうかと思い、そう言えば以前ある編集者が「大橋仁さんがそういうのを撮ってるらしい」と言っていたので、気軽に大橋さんに電話で訊いてみたところ、刊行間近の写真集、総重量5kg!、定価23000円の『そこにすわろうとおもう』(赤々舎)という大著について教えてくれたわけです。

これは、大橋さんが自腹で数千万円かけ、AVの男優と女優を300人ずつ集め、倉庫のようなところで乱交してもらい、それを撮りまくった――という凄まじい代物で、「ぜひ見せてほしい」とお願いしたら大橋さんがそのダミー本を持ってきてくれて、事務所のテーブルにドッカーンとご開帳! ブったまげた次第でございます。装丁はその中の極々一部をトリミングして使用させていただいています。

白石一文
『火口のふたり』
河出書房新社
2012.11/¥1400
写真―大橋 仁

私、
賢ちゃんの身体を
しょっちゅう
思い出してたよ。

挙式までの五日間、
抗いがたい欲情に身を任せる賢治と直子。
出口の見えない、男と女の行き着く先は?

不確実な世界の、
極限の愛
著者の新境地!

河出書房新社　定価 本体1400円(税別)

去年の冬、きみと別れ

殺人の罪で死刑判決を受けた男を取材するひとりの記者が主人公です。取材を進めるうち、徐々にその死刑囚の猟奇性が明らかになってくるのですが、どうもその原点には、彼の姉が大きく関わっている……ことがわかってきます。

その影のような存在として浮かび上がる「姉」をビジュアルにしようと思い、佐藤翠さんという若い作家さんの作品をお借りしました。

2012年に、京都の小山登美夫ギャラリーでの個展「My Precious Room」でこの作品を初めて見たときの感動は忘れられません。

モチーフは洋服や靴がたくさん並んだクローゼットや小物、雑貨なので、女子っぽいんですが、筆づかいが心地よく、純粋に絵画表現を追求した作品で、絵画の快楽に浸れる、そういう絵です。作家の「世界観」と言うより、もうひとつの「自然」を作り上げている、そう言ったほうが近いかもしれません。こういう絵画でしかあり得ない表現に出会うと素直に感動してしまいます。

タイトル書体は前出のA1明朝に数ヵ所黒い点を重ね、丸ごとボカシたものです。

中村文則
『去年の冬、きみと別れ』
幻冬舎
2013.9／¥1300
装画―佐藤 翠

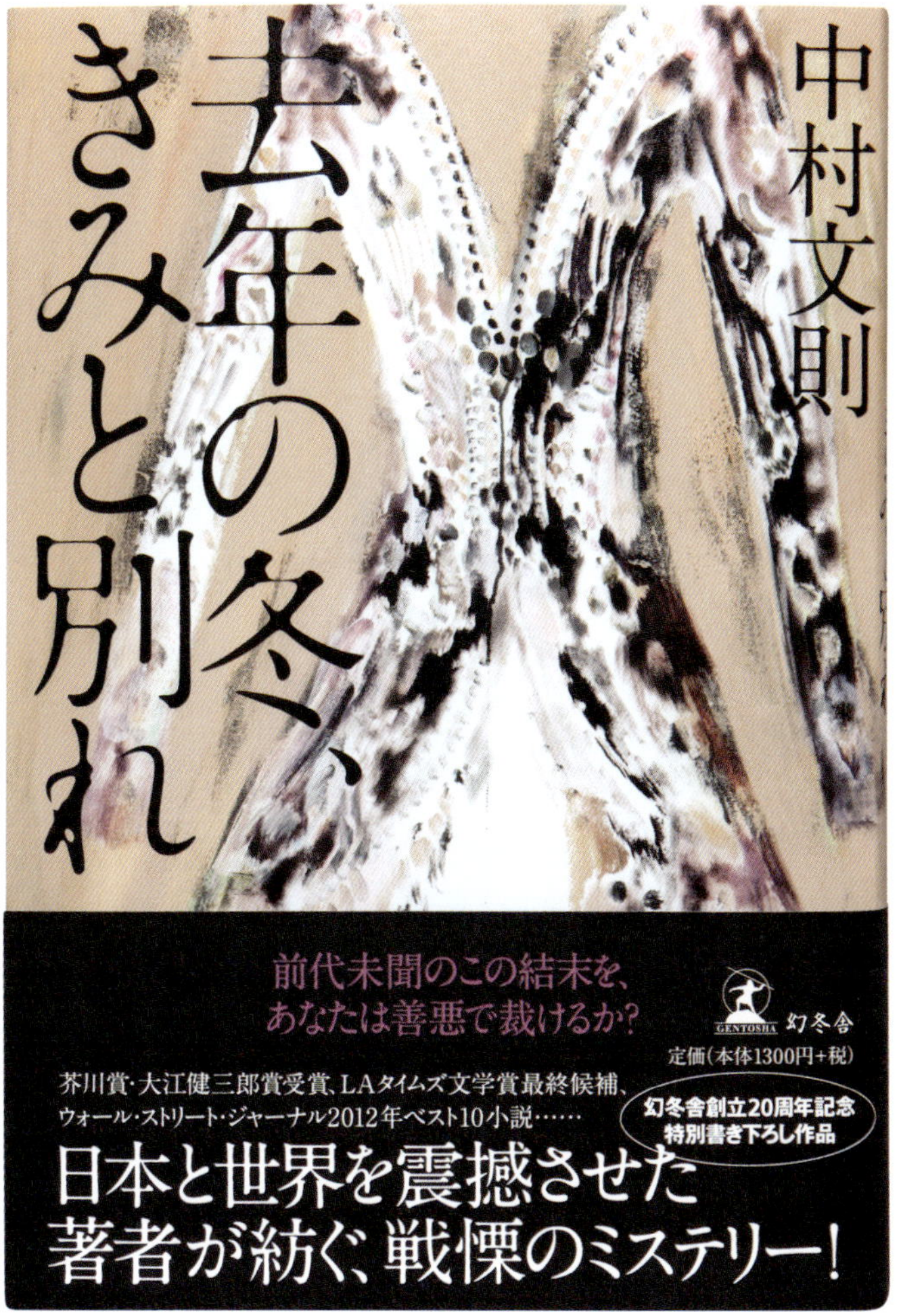
去年の冬、きみと別れ
中村文則
前代未聞のこの結末を、
あなたは善悪で裁けるか?
GENTOSHA
幻冬舎
定価(本体1300円+税)
芥川賞・大江健三郎賞受賞、LAタイムズ文学賞最終候補、
ウォール・ストリート・ジャーナル2012年ベスト10小説……
幻冬舎創立20周年記念
特別書き下ろし作品
日本と世界を震撼させた
著者が紡ぐ、戦慄のミステリー!

ホワイト・ガーデンの幽鬼

2005年のイギリス・ブッカー賞にノミネートされた、2段組350ページの長編小説です。原稿用紙約1000枚……読むのにどんだけ時間かかると思ってんだ！という代物です。装丁家の中には読まない人もいるらしいのですが、小説の場合、その本の魅力や個性について編集者と共有しようとするなら、やっぱり読まないわけにはいかないのです。しかしながら正直「読み代」が欲しいです（笑）。

舞台は100年前のロシア。革命の嵐が吹き荒れる混乱期のシベリアの、ある町に暮らす敬虔なキリスト教徒たちの恐るべき掟とは……といった内容だったので、装画はちょっと見たことのない風景をと思い、フランス人の写真家マチュー・ベルナール・レイモンの作品をお借りしました。

灰白色の地表から焦茶に淀んだ池に向かって階段が伸びている写真で、パソコンで色調を変えているとは思うのですが、「ここは地球のどこなのか？」と思わせる、なんともただならない不穏な気配、ファンタジーと現実のあいだを漂う不思議なリアリティが、この本に相応しいと思いました。

ジェイムズ・ミーク
『ホワイト・ガーデンの幽鬼』
ヴィレッジブックス
2008.2／¥2400
写真—マチュー・ベルナール・レイモン

オルタード・カーボン

27世紀が舞台のサイバーパンク・ハードボイルド・SFミステリーです。真っ黒のボール紙の箱に、シルクスクリーン（不透明インク）でタイトルと著者名、内容紹介を印刷し、さらにそこにイラストの入った帯を巻いています。

この帯のイラストは原書にあったものを加工して使っていて、差し当たって作品の世界観の説明にはなっていますが、もう少し内容に踏み込んだビジュアルが欲しかったので、本体（上下巻）のほうにひと工夫しています。箱を背側から見ると、骨格の透けた人体の一部が覗き、実際に上巻下巻を取り出して並べると全身がつながって現れます（☛）。

人体は、医療系のCGを作っているメタ・コーポレーションにお願いしました。大学の後輩が運営する会社で、立体視のビジュアル本でも有名です。このCGの人体の上に、イラストレーターの引地渉さんの作品を額縁のように合成しています。「人間が高度に管理された社会」というこの小説の世界観を目指しました。

リチャード・モーガン
『オルタード・カーボン』
アスペクト
2005.4／¥2800
帯CG―クリス・ムーア
表紙CG―メタ・コーポレーション・ジャパン
表紙装画―引地 渉

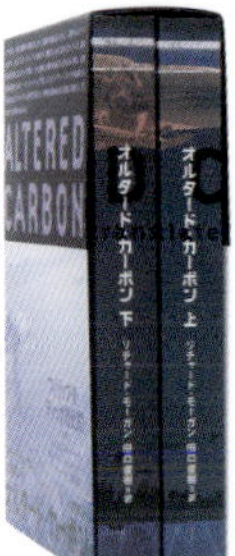

☛

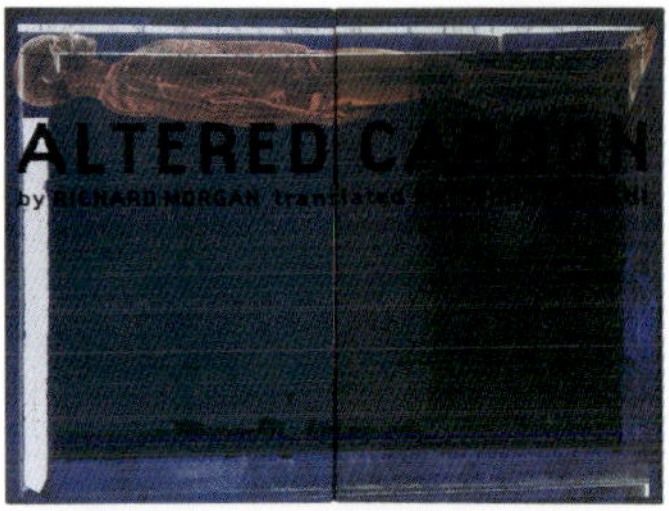

ALTERED CARBON
オルタード・カーボン
リチャード・モーガン
田口俊樹＝訳
フィリップ・K・ディック賞受賞!
2003 PHILIP K. DICK AWARD WINNER!
アスペクト
二十七世紀、人類は銀河系の惑星に散らばり、国連の専制支配下にある。人間の心はデジタル化され、小さなメモリー・スタックに記録されて頸部のつけねに埋め込まれている。肉体が衰え死を迎えるとスタックが残る。それを維持し外部の肉体を買う金がある人間は、永遠の生命を得られるのだ。一方、バックアップを取っていないメモリー・スタックを破壊された人間はR・D（リアル・デス＝真の死）を迎える。犯罪者は精神のみを収容所に拘禁され、財力がなければ肉体は売られる。
ALTERED CARBON
フィリップ・K・ディック賞受賞!
『マトリックス』『ダイ・ハード』のプロデューサー、ジョエル・シルバー&ワーナー・ブラザーズ映画化!
アスペクト
リチャード・モーガン
田口俊樹＝訳
オルタード・カーボン

ヴァンパイア

岩井俊二監督による映画『ヴァンパイア』の自身によるノベライズです。

苦しみを抱えて死を望んでいる人たちを、吸血鬼である主人公が血を吸うことで殺してあげるわけですが、彼もまた、普段は高校で教師をやりながら認知症の母を介護する辛い現実を生きているという、マイノリティ同士の心の交流が描かれています。「血」が愛と絆のシンボルとして描かれているので、装画は彼が自室に保存している「血の瓶」しかないと思いました。

方針は決まったものの「血」とそれを入れる「瓶」をどうするか。瓶はなんとかするにしても、血は買ってくるわけにもいかないし、まして「出す」のは極力避けたいところです。そこでネットで検索すると、映画の撮影用なのか、「正しい血糊の作り方」みたいなページがあるんですね。早速、社員に血糊研究をさせ、こちらもネットから調達した瓶に詰めて撮影しました。大方のことはネットで解決してしまうご時世になりました。

タイトル部のデザインは瓶に付くラベルのイメージです。

岩井俊二
『ヴァンパイア』
幻冬舎
2012.8 / ¥1400

ヴァンパイア

岩井俊二

GENTOSHA 幻冬舎
定価（本体1400円＋税）

惹かれあう
孤独な
魂たち
この世の
果ての
恋物語

映画「ヴァンパイア」
脚本・監督・音楽・撮影・編集・プロデュース：岩井俊二
出演：ケヴィン・ゼガーズ　アデレイド・クレメンス　蒼井優
9月15日（土）よりシネマライズほか全国順次ロードショー！

偉大なる不良たち 全12冊

92年に刊行された、海外古典文学の新装版（文庫）です。フランスとドイツの背徳感のある作品を一挙12冊。まあどうしたものか……悩んだ挙句、「これしかない」と思ったのが、池田満寿夫氏の版画でした。

言うまでもなく、池田満寿夫氏は絵画や彫刻など様々なジャンルを横断するアーティストでありながら、芥川賞を受賞した作家でもあり――『エーゲ海に捧ぐ』の刊行は77年、私は高校生でした――芸大を3度落ちて……といったエピソードも含めて、とにかく不良っぽくてかっこ良かった。その作品の中でも、特に私は60年代初期のもの――彼が20代後半から30代のときに制作された銅版画が好きで、まさにこの文庫シリーズ「偉大なる不良たち」のイメージにぴったりだと思ったんですが、果たして12点も使わせてもらえるだろうか……。

おそるおそる提案してみて、交渉は版元だったのですが、このアイデアを措いて後がない、まさに背水の陣であって、祈るような心境でビクビクしながら待っていたら、快諾していただけました。しかもそれほど高くない使用料でした。

復刊文庫
「偉大なる不良たち」全12冊
角川書店
1992.11～12改装
装画―池田満寿夫
ジョルジュ・バタイユ『マダム・エドワルダ』
ジョルジュ・バタイユ『阿片』
ジャン・コクトー『怖るべき子供たち』
シャルル・ボードレール『人工楽園』
フランツ・カフカ『変身』
フランツ・カフカ『ある流刑地の話』
フランツ・カフカ『審判』
ジャン・コクトー『山師トマ』
アルチュール・ランボオ『ランボオの手紙』
ロートレアモン『マルドロールの歌』

Jean Cocteau
L'OPIUM
ジャン・コクトー
阿片
—或る解毒治療の日記—
堀口大學＝訳
Kadokawa Bunko

Georges Bataille
MADAME EDWARDA
ジョルジュ・バタイユ
マダム・エドワルダ
生田耕作＝訳
Kadokawa Bunko

Charles Baudelaire
LES PARADIS ARTIFICIELS
シャルル・ボードレール
人工楽園
渡辺一夫＝訳
Kadokawa Bunko

Jean Cocteau
LES ENFANTS TERRIBLES
ジャン・コクトー
怖るべき子供たち
東郷青児＝訳
Kadokawa Bunko

その流れに勢いづいたか、図々しくもシリーズのオリジナリティと完成度を究めるという口実で、当時の角川文庫のフォーマット、つまり用紙、印刷の版数（4色＋金）、加工、書体、背のデザインなど、ことごとく無視させていただきました。ついでに豪華セット箱まで作ってもらいました。

この『変身』なんか衝撃的ですよね。虫みたいな、わけがわからなくてとても素敵です。

Jean Cocteau
THOMAS L'IMPOSTEUR
ジャン・コクトー
山師トマ
河盛好蔵＝訳
Kadokawa Bunko

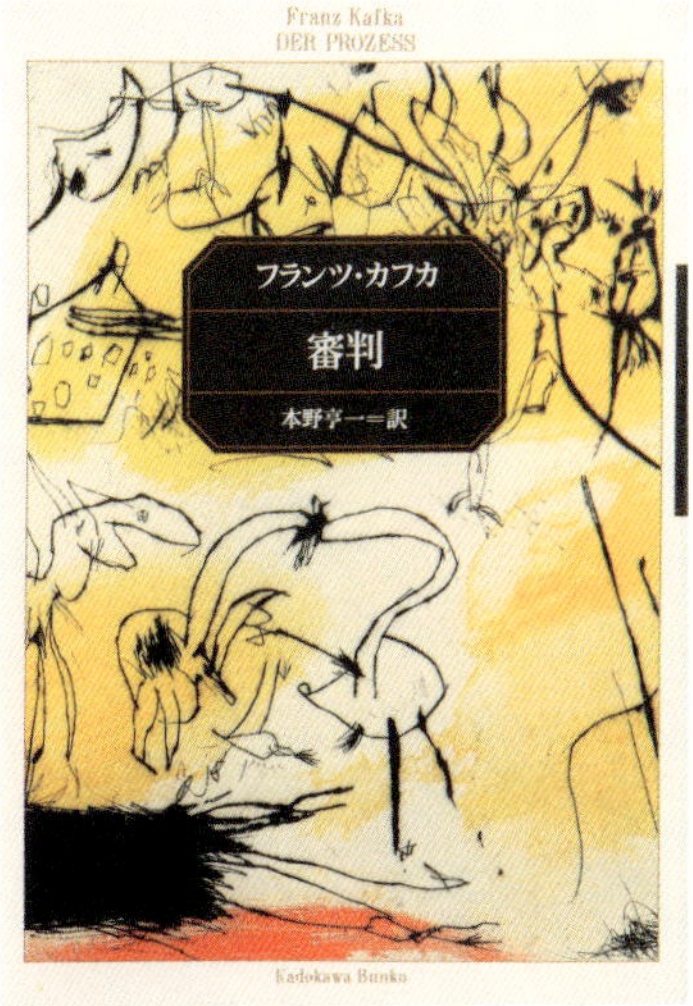
Franz Kafka
DER PROZESS
フランツ・カフカ
審判
本野亨一＝訳
Kadokawa Bunko

Le Comte de Lautréamont
LES CHANTS DE MALDOROR
ロートレアモン
マルドロールの歌
栗田勇＝訳
Kadokawa Bunko

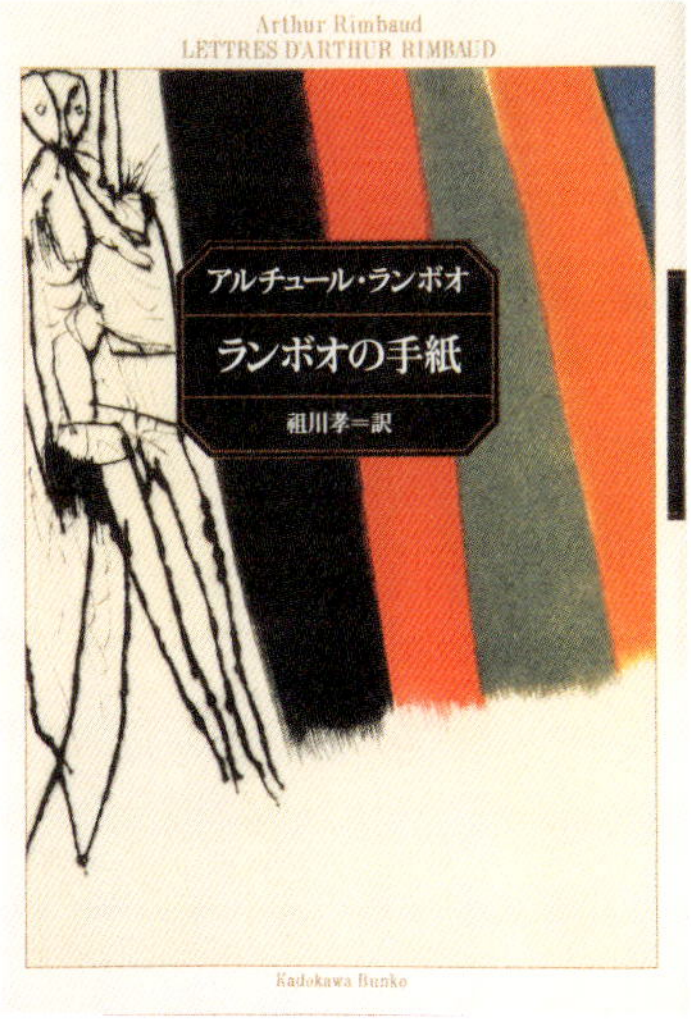
Arthur Rimbaud
LETTRES D'ARTHUR RIMBAUD
アルチュール・ランボオ
ランボオの手紙
祖川孝＝訳
Kadokawa Bunko

無花果の森

映画監督である夫のＤＶから逃れて失踪する主人公と、汚名を着せられ、警察から指名手配された週刊誌記者が出会い、世間から逃れながら愛し合っていきます。書名の「無花果《いちじく》」とは、二人が潜伏するアパートの庭に植えられた無花果の木から採られていて、実の内部に花を宿すという無花果の生態が、彼らの秘めた愛のあり様を象徴していきます。物語は「エデンの園」を追われたアダムとイブのイメージさながらスリリングに展開します。

そんな「世間の陰で育まれる情愛」というイメージに相応しいビジュアルとは？

いやー、悩みました。そして、例のごとくいろんな資料をひっくり返しているうちに、ようやく「これだ！」というものを見つけまして、それが２０１０年暮れ、国立新美術館で催されていた「ＤＯＭＡＮＩ・明日展２０１０」の、赤崎みまさんの写真です。漆黒を背に、鉱物や果物がまるでその内部から発光しているような神々しさを湛えている作品で、もしこれを無花果でやったら……それ以上の装画はこの本におそらくないでしょう。というわけで、本人に速攻連絡して依頼。この場合、絶対に無花果で

小池真理子
『無花果の森』
日本経済新聞出版社
2011.6／￥1800
装画—赤崎みま

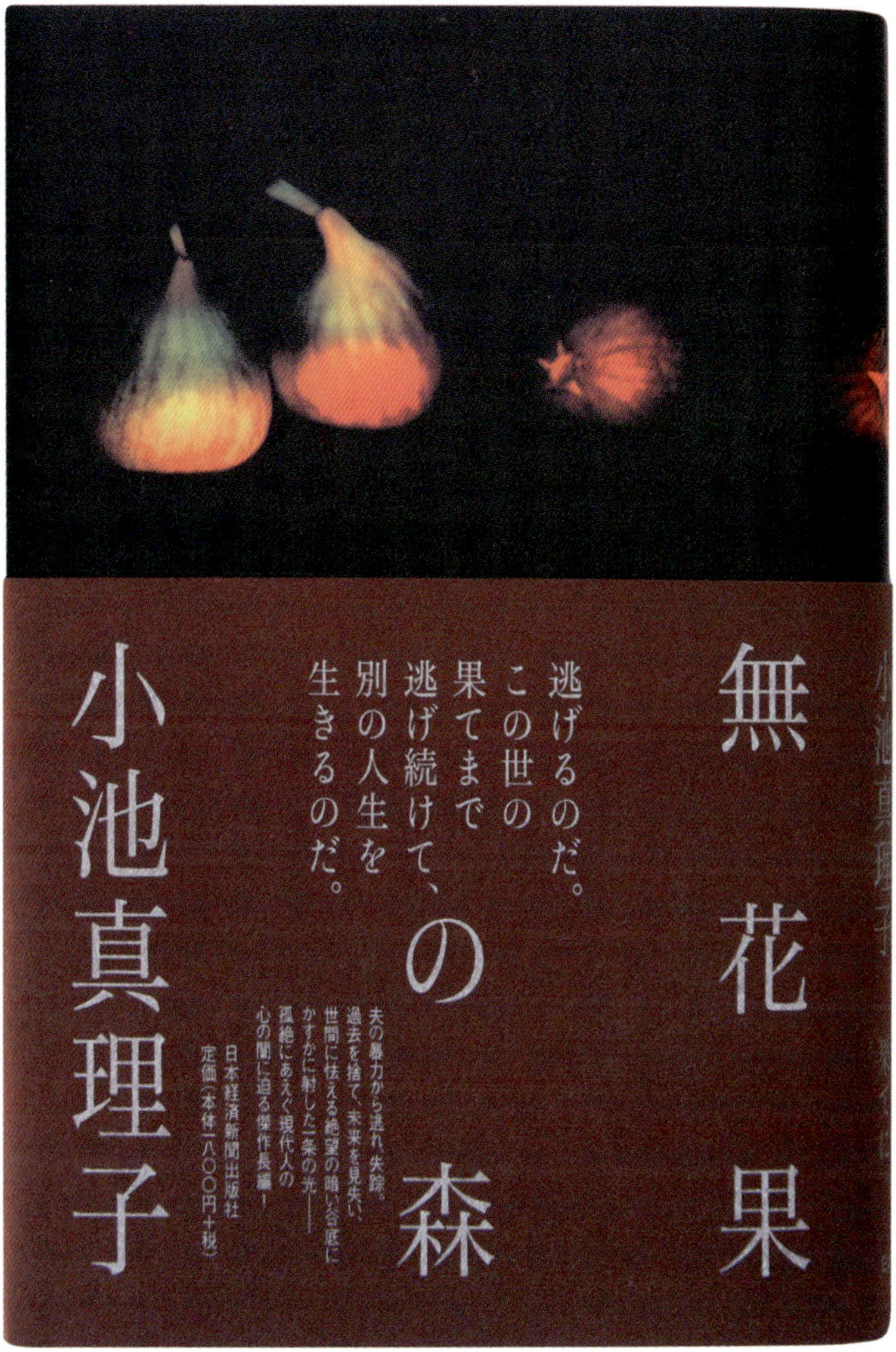
無花果の森
逃げるのだ。
この世の
果てまで
逃げ続けて、
別の人生を
生きるのだ。
夫の暴力から逃れ、失踪。
過去を捨て、未来を見失い、
世間に怯える絶望の暗い谷底に
かすかに射した一条の光――
孤絶にあえぐ現代人の
心の闇に迫る傑作長編！
日本経済新聞出版社
定価（本体一八〇〇円＋税）
小池真理子

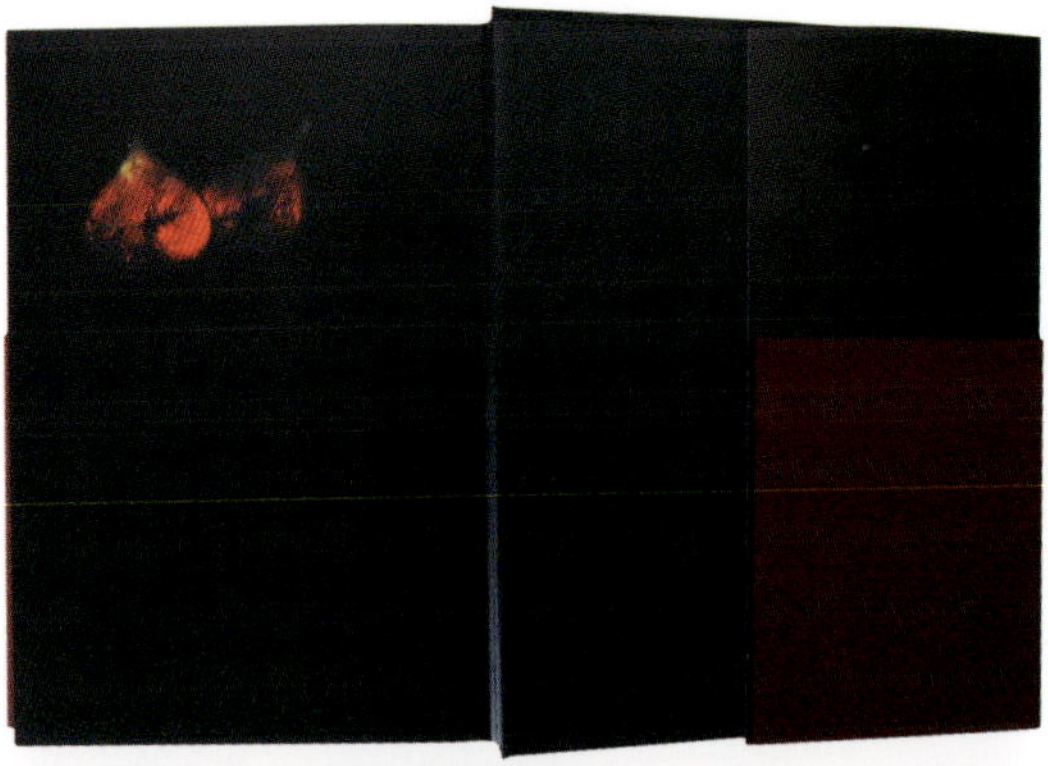

9784532171056
1920093018005
ISBN978-4-532-17105-6
C0093 ¥1800E
日本経済新聞出版社
定価(本体1800円+税)
新しく始まる人生などあり得ない、と思っていた。過去を断ち切った上で、死んだように現在を生き続けることだけが自分の務めだと言い聞かせてきた。だが、鉄治との出会いでそれは覆された。二人の関係に未来は見えてこなかったが、少なくとも当面、互いに素顔のままでいられるひとときを繰り返すことはできた。

なければいけないので、もちろん撮り下ろしです。

結果、いろいろなバージョンをご提供いただいたうれしさから――これも例のごとく――前後の見返しと、カバーの表4にもそれぞれ入れました。

実はこれ、ストーリーをなぞるように構成しています。まずカバー背から表1には、とりあえず雑然と無花果があります。それから前の見返しは、二つが内部を晒して寄り添います。そして後ろの見返しは、ひとつ孤独に佇みます。しかしカバー表4では、「月」のようなイメージを背に、再び二つ寄り添います。

いわゆるアーティストの方に依頼するのは、職業的なイラストレーターや写真家の方にお願いするのとは異なって、けっこう勇気のいるものです。本の内容自体への共感、納期、ギャランティ……とクリアすべき条件が多く、もしかしたらこちらのとんだスジ違いになる恐れがあり、それで断られた場合って、告って実らぬ恋のようで……。

幸いにもこのとき制作された作品は、3年後、「無花果の森／Forest of Figgs」というタイトルの彼女の個展につながりました。小説を通して作品をコラボしたような、誇らしい気分です。

TYOゴシック

東京という〝怪物〟都市をめぐる一大スペクタクル叙事詩です。柴田元幸さん責任編集の文芸誌「モンキービジネス」での連作をまとめたもので、小説というより、「東京」と「著者（古川日出男）」という二つの電極を対峙させて生じる「火花としての言葉」といったらいいのか、感電した言葉同士が発火して連鎖して巨大化して咆哮、睥睨《へいげい》するような、そんな怪物的なテキストです。

この、ボルテージの高い文章に張り合えるビジュアルって何だろう？　と、かなりの苦悶ののち、締切に焦りながら例によって、画集や写真集、美術展や個展のカタログ、パンフレットをひっくり返していたとき、「これぞっ！」と目を奪われたのが、西野壮平さんのこの作品です。様々な都市の夜景を撮影した2000〜3000枚のプリントをコラージュしたという、横幅2メーターを超える巨大な「Night」という作品です。これもあるアート・フェアのとあるブースで発見した作品でした。

しかし差し当たって、まさに大風呂敷を広げてはみたものの、これをどうやって本

古川日出男
『TYOゴシック』
ヴィレッジブックス
2011.1／¥1600
写真—西野壮平

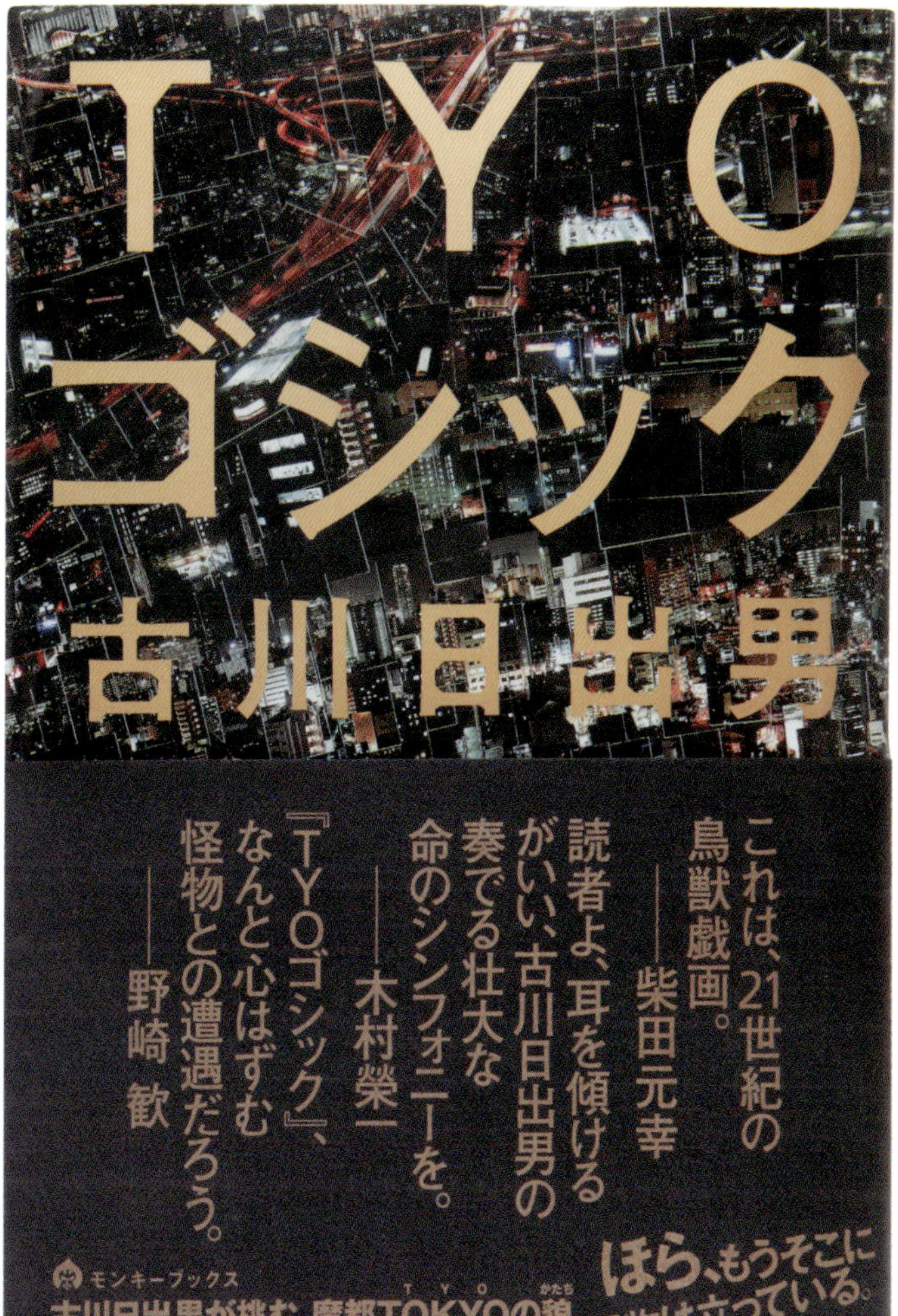
TYO
ゴシック
古川日出男
これは、21世紀の
鳥獣戯画。
——柴田元幸
読者よ、耳を傾ける
がいい、古川日出男の
奏でる壮大な
命のシンフォニーを。
——木村榮一
『TYOゴシック』、
なんと心はずむ
怪物との遭遇だろう。
——野崎 歓
モンキーブックス
古川日出男が挑む、魔都TOKYO《TYO》の貌《かたち》。
ほら、もうそこに
怪物は立っている。

TYO
ゴシック
古川日出男
TYOゴシック 古川日出男
ヴィレッジブックス
9784863323056
1920076016004
ISBN978-4-86332-305-6
C0076 ¥1600E
定価 本体1600円+税
ヴィレッジブックス

という形式に落とし込んだらいいものか？　収まりよく全体を縮小したら、参考資料のようになってしまうし……。そもそも美術作品というのはそれを丸ごと目の前にして初めて成り立つものなので、同じ経験は土台無理としても、せめてこの古川氏による日本発の世界文学へと巻き込むための装置としたいところです。

　そこで、思い切って作品の上下をカットした中央部分の左端から右端を、前見返しから始まってカバーを経由し、後ろ見返しまでずらーっと渡しました。作品の全部とはいかないまでも、これによって作品のディテールの躍動感やアクロバティックな構造は、ピッカピカの表面加工とともに、冴えざえと見て取れるはずです。

　西野氏のこの作品が無かったらこの仕事から逃げ出すところでした。それくらいこの小説は通常のルーチン、常識的な想像から完全に逸脱した代物で、依頼があってからビジュアルを用意したのではとてもなし得ないヒヤヒヤもんの案件でした。

　机上でネット検索しているだけではやはりダメで、鵜の目鷹の目、起こりつつあるアートの現場を見てまわるのも仕事のうちのようです。

西野壮平「Night」
2009.1-2010.6
Light jet print
2130×1500mm

夢違

恩田陸さんの作品を手掛けてから十年ものお付き合いになるのですが、この『夢違』は、久々のホラー小説で、まさに恩田ワールド全開の大作です。

同時多発的に小学校で不可解な集団白昼夢が起こり、「夢判断・夢解析」を職業とする主人公浩章は、とある政府機関から事件の調査を依頼されます。これと並行して、浩章は亡くなったはずの、予知夢を見る女「結衣子」の忍び寄る影に悩まされている。物語はこれらの関連を探りながら、はらはらどきどき展開します。

しかしまぁ、物語全体に充満する、いやーなムードにはヤラれました。例えば、主人公が事件の調査のために滞在するホテルの一室で、夜、振り返った刹那、黒々とした窓ガラスに映る「結衣子」の影。ありきたりな演出ではあるのに、不覚にも、心底縮み上がりました。なんだか、いつ、何が出現してもおかしくない、誠にありがたくない不穏な空気のせいですね。極限まで近づきこそすれ決して明かされない核心という、この忌々しさというか、わけもなく緊張を強いられる事態にヤラれるわけです。

この小説を読み始めてしまった者の自己責任、と嘲笑ってるんだろうなぁ、恩田さ

恩田陸
『夢違』
角川書店
2011.11／¥1800
装画―松本 尚

夢違《ゆめちがい》
恩田陸
小学校で頻発する集団白昼夢。
調査に向かった男。
子供たちが見たのは、
予知夢なのか——。
美しき悪夢が現実に忍び寄る。
戦慄と驚愕、幻視サスペンス巨作！
角川書店
「何か」が教室に、
侵入してきた。

んは。

装画は、あるアート・フェアで知り合った画廊の方から推薦された、新人アーティストの作品です。この本の装画を考え倦《あぐ》ねていた矢先、送られてきた彼女の展覧会のカタログを見て驚愕しました。

ごろんと横たわる眠っているような首、妖しげな鳥……まさに「夢」のような光景で、そのどれもがあまりに小説世界を言い当てていました。

青のモノトーンのこの絵は、ブロック化されていて、パターンとして繰り返すと無限に画面が広がる構造になっています。要は壁紙のパターンと同じです。これを最大限に利用しない手はありません。というわけで、ここでもれなく、カバーから表紙、両見返し、扉の表裏としつこく連続して入れています。夢か現実か、それらが混じり合った異界なのか、はたまた忍び寄る「結衣子」の幻影か……。

余談ではありますが、毎週日曜のジョギング・コースに夢違観音があって、百円のお賽銭とともに参拝を励行しています。悪い夢を違えて良い夢にするというそれは、悩み多き職業のせいか、魘《うな》された昨日の夢をリセットしてくれるような、そんな良いお顔です。もちろんこの小説を読み終えたあとにも参拝させていただきました。

ほかに誰がいる

5年以上も前に手掛けたものですので、もはや粗筋をほとんど忘れてしまったのですが、でもこんな装丁をしてるわけですから、少女の妄想や衝動がテーマの不条理な小説だったはずです。デザインする際にけっこう力《りき》んだ覚えがあります。と言うのも、タイトルの背景にある模様にそれが如実に表れているからです。何だかわかりますか？ 実はこれも、なにを隠そう、タイトルなんです。「ほかに誰がいる」という文字をデザインしていて、読みにくいので加工前の状態が左になりますが、それでも十分わかりづらいですね（笑）。

朝倉かすみ
『ほかに誰がいる』
幻冬舎
2006.9 / ¥1500
装画―松倉香子

朝倉かすみ
ほかに誰がいる
ほかに、誰がいる？
わたしの心をこんなに
強くしめつける存在が。
何百万遍、いってもいい。
ほかに誰がいる。
あのひとのほかに。
苦しければ
苦しいほど、
わたしの心は
磨かれる。
注目の大型新人、
初めての書き下ろし長編。
GENTOSHA
幻冬舎 定価（本体1500円＋税）

ところがなんと、当初この模様にしか見えないタイトルだけで（現状の活字タイトル抜きに）、平然と入稿し、さすがに「読めん‼」という版元からの大ブーイングに晒され、変更を余儀なくされました。今思うと不遜この上ない……。

「書体」がたくさんあることからもわかるように、文字は「読まれる＝意味を伝える」と同時に「形」によって「見られる＝ニュアンスを伝える」ことができます。「形」を積極的にデザインしていくことで、送り手が伝えたい感情や世界観をも少なからず表現できるわけですが、しかしながらこの本の場合、やりすぎてしまいました。なにを思いあまったのか完全に逸脱してしまっていて、「伝達」部分が機能していませんでした。夢中になると周りが見えなくなるのは恋愛だけではないようです……。

客観的であることもデザイナーの必要条件ですね。当たり前ですが。

装画は松倉香子さんによるもので、成長期の少女の持つ（であろう）、得体の知れなさが見事に表現されています。もうこの装画が、すべてを伝えてくれています。

花言葉をさがして

アメリカ西海岸のロサンゼルスあたりを舞台に、孤児で、ささくれた女の子が周囲の人々とのふれあいの中で本来の人間性を獲得していくという成長物語です。妊娠、出産、養母との関係など、物語の様々な場面で、花がシンボルとしてちりばめられていて、小説に独特の奥行きを与えています。

この装画は、私がこれまで装丁に使わせてもらった作品の中でも最大級のもので、タテ1・5m×ヨコ17・5mの布に描かれた巨大なものです。イラストレーターの平尾香さんの、東京都現代美術館内のレストラン「コンテント」での個展で発見しました。ちょうどこの本の装画をどうしようか悩んでいた時期だったので、これを見たときは衝撃を受けました。光と影、人と花が壮大なドラマとして、会場である円形の部屋をぐるりと取り巻いていて、それはそれは圧巻でした。この作品が装画になる可能性はある程度目算があって、編集担当二人と同行していましたが、あまりのどストライクぶりに互いに驚喜したものです。

懸案の事項がこのように幸運に向かって動き出すのは本当に稀で、このときばかり

ヴァネッサ・ディフェンバー
『花言葉をさがして』
ポプラ社
2011.12/¥1600
装画―平尾 香

The language of flowers
ヴァネッサ・ディフェンバー＝著
金原瑞人・西田佳子＝訳
花言葉をさがして
あなたの
花が、
すべての
はじまり
だった。
生まれてすぐに
母親に捨てられたヴィクトリアは、
心を映し出す「花言葉」で人や世界とのつながりを取り戻してゆく——。
現在39カ国で出版決定、世界が刮目する新人作家の驚くべきデビュー作。

は運命的なものを感じずにはいられませんでした。

早速、使わせていただけないかと打診し、ご快諾いただけたところまでは良いのですが、問題はこの想定外のデカさです。作品を巻物状にすると優に人ひとり分の大きさがあります。こちらとしてはディテールも漏れなく再現できる画像の解像度が欲しいので、当然分割して撮影することとなりました。

美術品専門に複写をしてくれる写真工房に依頼し、カメラをヨコ位置でなく、（解像度の上がる）タテ位置で30分割くらいに分けてデータ化してもらいました。最終的にパソコンでつなげるという作戦です。

そうしてやっとのことでつないだ作品は、余すところなく本の随所に登場させています。カバーはもちろんのこと、表紙、見返し、本文章扉にいたるまで、ずいーっと絵巻物のごとく敷きつめています。

出来上がった本を見るのは簡単ですが、そこに行き着くまでの労力たるや……、まぁ、だからこそ心に残るものにしなきゃ、なんですが……。

不浄の血

アイザック・バシェヴィス・シンガー傑作選

　1978年ノーベル文学賞受賞の作家で、もちろんまったくの未知の領域です。略歴によると、「1904年ポーランド生まれのイディッシュ語作家。……近代化に乗り遅れた東欧ユダヤ人集落を舞台にした軽妙な小噺風の短編が独特の味わいを漂わせている……」と。それはさておき、表題作の「不浄の血」を読むも、軽妙な小噺風どころか、厳格なユダヤ教とのコントラストが強烈に際立つ、不貞な女と屠殺人との壮絶凄惨な愛憎顛末記で、怒号のようなその筆圧にも圧倒されました。

　圧倒されるのはいいとして、はたまたどんな装画を纏わせたものか、当初、この各作品に通底する宗教性からの連想で、心酔する作家山田純嗣氏のヒエロニムス・ボスの《快楽の園》をモチーフにした作品「(11-6) GARDEN OF EARTHLY DELIGHTS」が頭を擡《もた》げるも、まるきり出自がキリスト教ゆえ断念。やむなく編集者からの提案で、どストライクの「血と肉の作家」ヘルマン・ニッチの起用となりました。

　ニッチはオーストリア出身の実験的なアーティストで、牛の臓物を壁に塗りたくる

アイザック・バシェヴィス・シンガー
西成彦＝訳
『不浄の血』
河出書房新社
2013.3／¥2800
装画―ヘルマン・ニッチ

不浄の血

アイザック・バシェヴィス・シンガー傑作選

アイザック・バシェヴィス・シンガー　西 成彦＝訳

טריף בלוט און אַנדערע דערציילונגען

יצחק באַשעוויס-זינגער

愛と血と欲望と
悪魔うごめく世界

ノーベル賞作家の傑作短篇からさらに精選
イディッシュ語原典より初の邦訳作品集

河出書房新社 定価 本体2800円（税別）

パフォーマンスなどがありますが、詳しくは検索していただくとして、まあとんでもない人です（笑）。

作品の使用にあたっては、上に文字を載せるのは厳禁だったため、帯を取ると文字要素が下に追いやられていることがわかります。不思議と海外の権利者とのアプルーバルに際して、帯は無きものとされていて、ご覧のように大幅に帯によって作品が覆われていてもお咎めなしです。

タイトルの書体は、（帯ではその下に原題表記があります）イディッシュ語の形状からの発想です。ハングルやタイ語、ヒンディー語でもそうですが、他言語はそのままエキゾチズムの代表的アイコンとなります。これをビジュアルに使わない手はありません。要は日本語とのハイブリッドを目指して創作するのですが、本としてのオリジナリティには絶大な威力を発揮するのではないでしょうか。

カテリーナの旅支度 イタリア二十の追想

イタリア在住30年の著者が、そこでの暮らし、人や文化、街について綴ったエッセイ集です。日本人という視点を共有しながら、そこに住む人々の日常に興味を引かれて読み進めるのですが、結局は文化や国籍を超えて、人間の本質的な悲しみや喜びに触れるわけです。

装丁は、普通に考えると、いわゆるイタリアのイメージが伝わるものにしてしまいがちですが、この本の場合、そういう発想は皆無でした。むしろ前述の人間の普遍性――孤独や不安、寂しさや祈りのほうに、重心がありました。

そこで思いついたのが、イタリアの新表現主義のエンツォ・クッキです。内省的な重い絵を描く画家なんですが、画集をひっくり返しているうちに、この作品を見つけました。でかい鳥のシルエットで、イタリアについて書かれた本にはとても見えませんが、ユーモアとペーソスがバランスよく表れていると思います。

この絵のタイトルは、「la Monaca di Monza（モンツァの修道女）」となっていますが、本の内容とはぜんぜん関係ありません。悪しからず。

内田洋子
『カテリーナの旅支度』
集英社
2013.10／¥1600
装画―エンツォ・クッキ

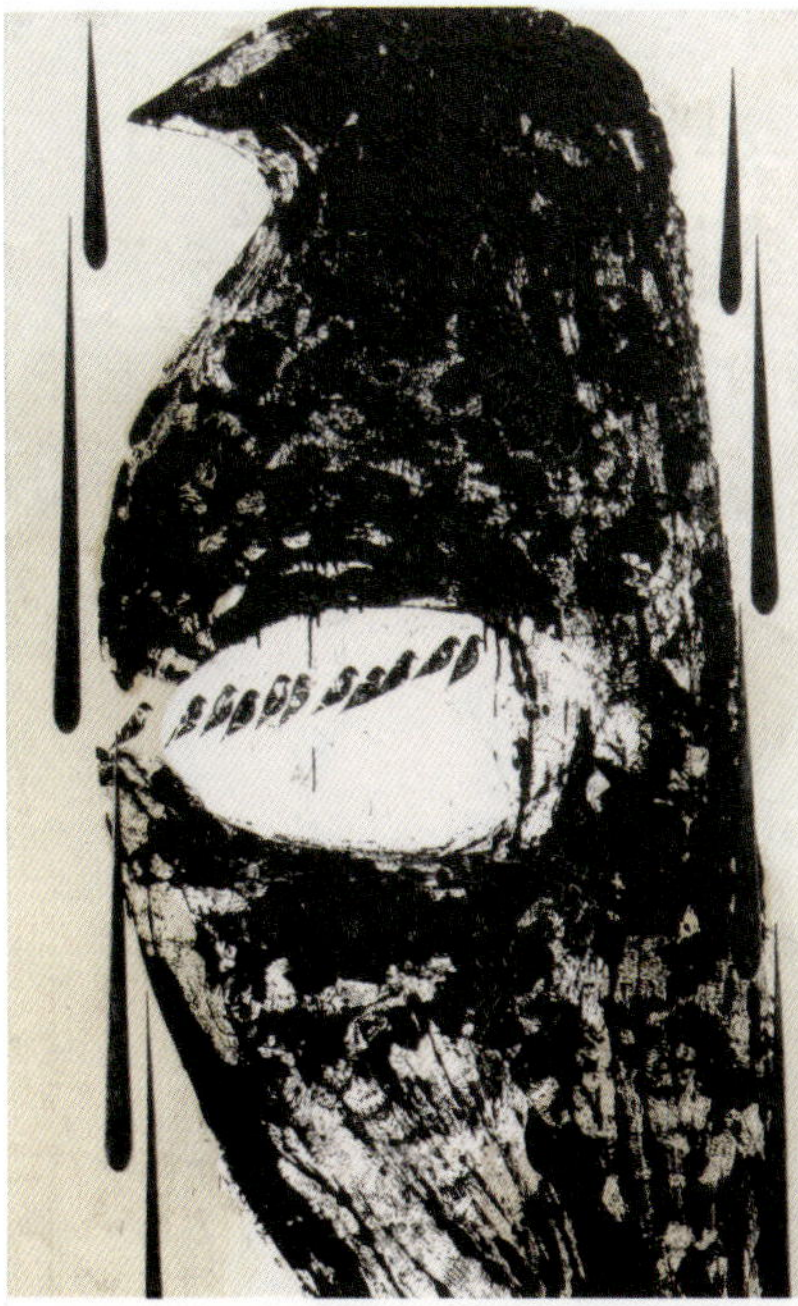

内田洋子

カテリーナの旅支度

イタリア二十の追想

食べて、飲んで、喋って、歩く……珠玉の短篇小説を読んでいるような、映画の一場面を見ているような、人間エッセイの白眉。

——松田哲夫氏

内田さんがイタリア人からすくい取るエキスの中には、イタリアの個性と人間の普遍性とが凝縮されている。

——酒井順子氏

集英社

ミラノの自宅で、
ヴェネツィアの教会で、
ローマのカフェで……。
三十余年のイタリア
暮らしがもたらした、
至宝のエッセイ二十篇。

駅舎にて

ベンガル人の著者による、1950年代に書かれた小説です。インド北部の小さな駅舎にたまたま居合わせた、仕事も環境も異なる男4人が、朝まで来ないという列車を待ち続けるなかで、昔の恋愛話を順番に披露し合うという内容です。

現在でも、この地域の結婚の多くが親によって決められているらしく、カースト制の影響もあって、恋愛への障害は想像以上のものがあるようです。だからでしょうか、めぐり合わせの不運や叶わぬ恋について語るこの男たちのひたむきさは、異国情緒とともに我々の心に瑞々しい想いを呼び覚まします。まあ、過去の恋愛をネチネチといつまでも引きずっているのは、洋の東西を問わず男ばかり、ということではありますが……。

イラストは佐藤正樹さんです。登場する4人のキャラクターを、若干調子のあるシルエットで描いていただきました。語りすぎない作風が、むしろ想像力を刺激します。絵にオーヴァーラップする色面はこちらでの処理によるものです。ざらつきのある用紙のテクスチャーが色面に微妙な風合いをもたらします。

ブーダディヴァ・ボース
『駅舎にて』
あすなろ書房
2011.2／¥1300
装画—佐藤正樹

My
Kind of
Girl
駅舎にて
ブーダディヴァ・ボース
飛田野裕子＝訳
忘れられない
恋があった……
12月の夜、列車が動きはじめるまでの数時間——
4人の男たちは、若き日の想いを語りはじめた。
世界中で
注目されている
インド・ベンガル文学
奇跡の純愛小説

あの日、僕は旅に出た

「旅行人」主宰の蔵前仁一氏による自伝です。

蔵前さんの本の装丁を初めて手掛けたのは、１９９６年刊行のアジア紀行エッセイ『旅で眠りたい』（新潮社）で、かれこれ20年前になります。このときは、日本からイスタンブールまでの全行程を絵巻物風に、イラストレーターでもあった蔵前さんに描いてもらいました（それにしても、絵巻物系装丁のなんと多いこと！）。

片やこの本はシンプルです。ビジュアルは社章でもある「旅行人」のシンボルマークひとつ。

大学卒業後、デザイナーとしての生活に疲れ果て、バックパッカーとして旅にのめり込むこと30年、訪れた街は数知れず。その間、出版社として旅行誌や旅行記の刊行、グレゴリ青山や宮田珠己など多くの作家も輩出してきた波瀾万丈の蔵前さんの半生を言い当てるのは、このマーク以外あり得ないという判断からです。

尚も軽快に歩を進めるであろう、そのシルエットは彼そのものに見えます。当初、彼のイラストから類推して、本人が自らを描いたものに違いないと思っていましたが、

蔵前仁一
『あの日、僕は旅に出た』
幻冬舎
2013.7／¥1500

あの日、僕は旅に出た

蔵前仁一

日本人旅行者は、蔵前仁一さんが描いた〈旅〉をたどっているだけなのではないか。

あまりにも旅で出くわす事柄がリアルに描かれているために、思わずそう考えてしまったのである。他の作家による旅行本は数多く出ているが、そのほとんどに関心を抱けず、途中で挫折した。けど、蔵前さんの旅行本だけは全部面白く読んだ。

本書はその面白さを凝縮した30年の旅のエッセンスである。

——作家 石井光太

幻冬舎 定価（本体1500円＋税）

アフリカはいわゆるブッシュマンの、サン人がおよそ2000年前に岩に描いたものを社章にしたらしいのです。世界を好奇心そのままに軽やかに渡る人間の姿は、時空を超えて共通しているようで、ちょっとびっくりでした。

帯に推薦文を寄せている、ノンフィクション作家の石井光太氏も、最初は「旅行人」に原稿を送ったことが、デビューのきっかけだったようです。アジアの最貧困層を取材したルポルタージュを「旅行人」に送り、それを蔵前さんが読み、「これはウチからでなく、大手から出したほうがいい」との勧めから、文藝春秋から刊行されたのが、処女作『物乞う仏陀』（2005年）というわけです。なんとも彼の殊勝な人柄を垣間見るエピソードです。

今回の見返しは、これまた絵巻物的ではありますが、蔵前さんがこれまで使ってきたパスポートを数冊お借りし、その中の出入国スタンプを入れさせていただきました。まさにこれこそが、蔵前さんの人生の「証」じゃないでしょうか。

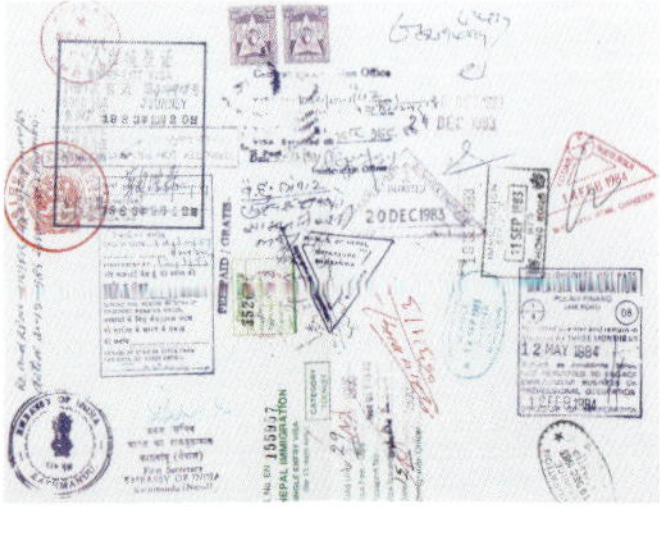

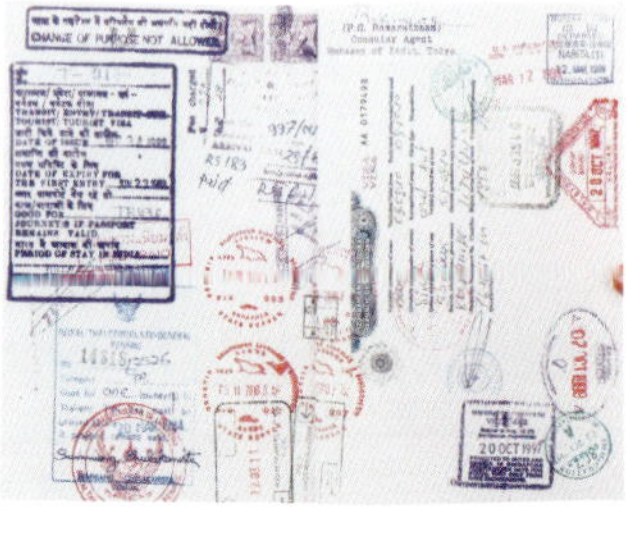

〈ひと〉の現象学

哲学や思想の本を読むのは割と好きなほうですが、装丁となると、実に悩ましい……。と言うのも、小説と違ってビジュアルのきっかけが見つけづらいからです。なんとかヒントらしきものを大幅に引き伸ばすか、付かず離れずの微妙なところに落とし込むか、いずれにせよ最初に編集に見せるときはものすごく緊張します。自分の理解度が試されているような気がするからです（笑）。

この本の場合、ヒントにしたのは本文中にある「私」の定義でした。「私とは他人の宛先」というわけです。「私」だけだと「私」にならず、他者によってしか「私」は成り立たない。つまり周りを否定して孤立したとき、もはや「私」はない、0《ゼロ》です。他者によって初めて1になる。他者が手紙を出すように指し示さない限り「私」はないわけです。

この定義にとても共感したので、これをヒントにどうしたものか悩んでいて、締切当日の朝、切羽詰まって出現したのがこのビジュアルです。

鷲田清一
『〈ひと〉の現象学』
筑摩書房
2013.3／¥1900

〈ひと〉の現象学

鷲田清一

この世に生まれ落ち、
やがて死にゆく〈わたし〉たち、
〈ひと〉として生き、交わり、
すれ違うその諸相——。

困難な時代のただ中で紡がれた、
共鳴しあい連鎖する哲学的思考。

筑摩書房　定価（本体価格一九〇〇円＋税）

丸がそれぞれ「私」ということになります。距離があって同列に並んでいて、色が違う。その比較、全体との関係によって、ひとつひとつが「私」として存在している。タイトルが〈ひと〉とあるように、社会性以前の原初からの存在そのものを明らかにするような、そういうイメージに合っているのではないかと思いました。

哲学書で言うと、若かりし頃は、141ページで取り上げた『形式の法則』のように、モヤモヤしたイメージを頼りに、自分でオブジェを作って撮影したこともありましたが、これがものすごく悩ましくも恥ずかしい(笑)。本当はこうした自己表現は避けたいところです。自分の創作の限界を足枷にしないことこそが、デザインの発想のために必要なんだと今は思うからです。それ以上に、かかりきりになることによる時間的なコストは大問題です。

そんなこんなで、さすがに今ではオブジェを作ることはなくなりましたが、単純ではあるけれどもこの水玉もある種自己表現には違いないので、編集へのプレゼンでは自信のない答案用紙を提出するときのような居心地の悪さでした。

しかしながらそんな不安も杞憂で、編集も満足してくれて、あとがきで明かされる著者の水玉好きというられしい奇遇にも胸を撫で下ろしました。

幻年時代

幼年期の幻のような記憶を掘り起こすことで、現在の思考の「出自」を見極めようとする本です。そこで、とにかく「グレーなもの」で埋め尽くそうと考えました。薄いグレーのカバー、つや消し銀による書名と著者名の浮上箔《うきあげ》、ペールグレーにぎりぎりまで脱色した帯のポートレート、表紙と別丁扉のパール系のブルーグレーの刷り色、この刷り色より少し明度の低い見返し、カバーとほぼ同じ色相の本文用紙、シルバーの花布《はなぎれ》とスピン――。それらはすべてスミ濃度0〜40%の領域で選択されています。未分化なものを寄せ集めるようなイメージです。

装丁の常識というか半ば自己規制的に、本は常に「目立つ」ことを目的としています。しかしながらこの「目立つ」がバラバラに自己主張して書店の棚に寄り集まると、自ずとそれらは相殺し合い、ノイズと化します。この本は、そういうなかにあって、まるですっぽり空いた風穴のような佇まいを目指しました。それはまるで彼の生き方――路上生活者に教えを乞い、ひとりで国家をつくる男そのもののようで、むしろ「目立つ」存在ではないでしょうか。

坂口恭平
『幻年時代』
幻冬舎
2013.7／¥1300

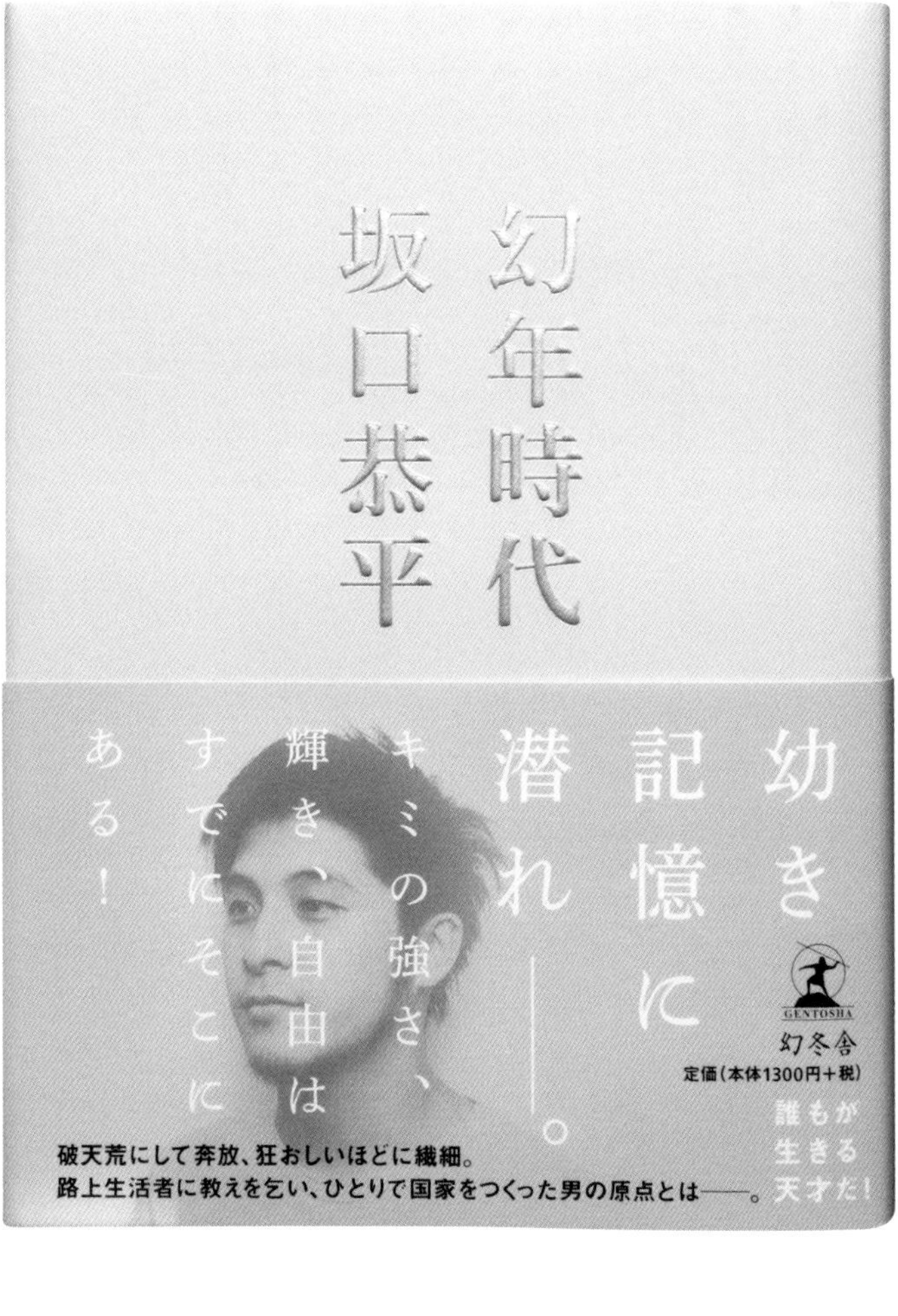
幻年時代
坂口恭平
幼き記憶に潜れ——。
キミの強さ、輝き、自由はすでにそこにある!
GENTOSHA
幻冬舎
定価（本体1300円＋税）
誰もが生きる天才だ!
破天荒にして奔放、狂おしいほどに繊細。
路上生活者に教えを乞い、ひとりで国家をつくった男の原点とは——。

あとがき

装丁という仕事は、日々自分が読んだ本の印象を形にしていくことに他なりません。いわば読書日記みたいなものでしょうか。私のなかを、さまざまな価値観や考え、人格、物語が通過していくのに際して、その感想を文章ではなくビジュアルによってしたためているということになります。

当然ながら装丁は無言であるがゆえに、言い足りなかったり、逆に言い過ぎであったり、こちらの意図が伝わっていない可能性も拭えません。この本は「実はこういうつもりでやっていた」という制作意図を明らかにしたものですが、装丁をする者であれば、本来ならこれは反則なのかもしれません。そのせいか言い訳がましかったり、なかば言い逃れの感もなきにしもあらずではあります。

2010年刊行の拙著『装丁を語る。』では、本の個性を引き出すための技術的な側面を思いつくままに紹介しました。それに対しこの本は、前著の延長上にあるものの、それぞれに日々どう対峙してきたのか、仕事をする上での葛藤や逡巡、決断の仕方など、内情がより詳しく明らかになっているのではないでしょうか。
日々締め切りに追われるなか、回顧している場合ではないのですが、改めて見てみると自分の手法や思考回路に驚いたり、あらたに発見したり、未整理なまま放置されていたこれまでの仕事、すなわち大量の本をひとつひとつ分類を考えながら書棚に収めていくような感慨深い機会でありました。

本書はイースト・プレスのウェブ・マガジン「マトグロッソ」約1年分の連載を下敷きにしてはいますが、当時の週一締め切りの慌ただしさからくるやっつけ的なその駄文を大幅修正、大量加筆を経て、当初の発売予定だった2012年春を大きく裏切る事態に猛省しつつ、こうして形になった次第です。

本書は前著に引き続き、関係各位の多大なるご協力なしにはあり得ません。改めて御礼申し上げます。また編集担当の高良和秀氏には、簡単すぎて感謝などという表現すら憚られ、その最大級にしても余りある……うーむ、何て言ったらよいのでしょう、言葉がありません!

2014年7月　鈴木成一

鈴木成一　すずき・せいいち

グラフィック・デザイナー。
一九六二年、北海道生まれ。筑波大学芸術専門学群卒業。
大学在学中から装丁の仕事を始め、
一九九二年に鈴木成一デザイン室を設立。
エディトリアルデザインを主として現在に至る。
これまで手がけた本の数は一万冊以上。
一九九四年、講談社出版文化賞ブックデザイン賞受賞。
二〇一〇年、著書『装丁を語る。』を刊行。

デザイン室

二〇一四年八月六日　第一刷発行

著者　鈴木成一
ブックデザイン　鈴木成一デザイン室
撮影　岩田和美
編集　高良和秀
営業　江口真太郎
発行人　北畠夏影
発行所　株式会社イースト・プレス
〒一〇一−〇〇五一
東京都千代田区神田神保町二−四−七　久月神田ビル八階
電話〇三−五二一三−四七〇〇
ファックス〇三−五二一三−四七〇一
印刷所　中央精版印刷株式会社

ISBN978-4-7816-0951-5

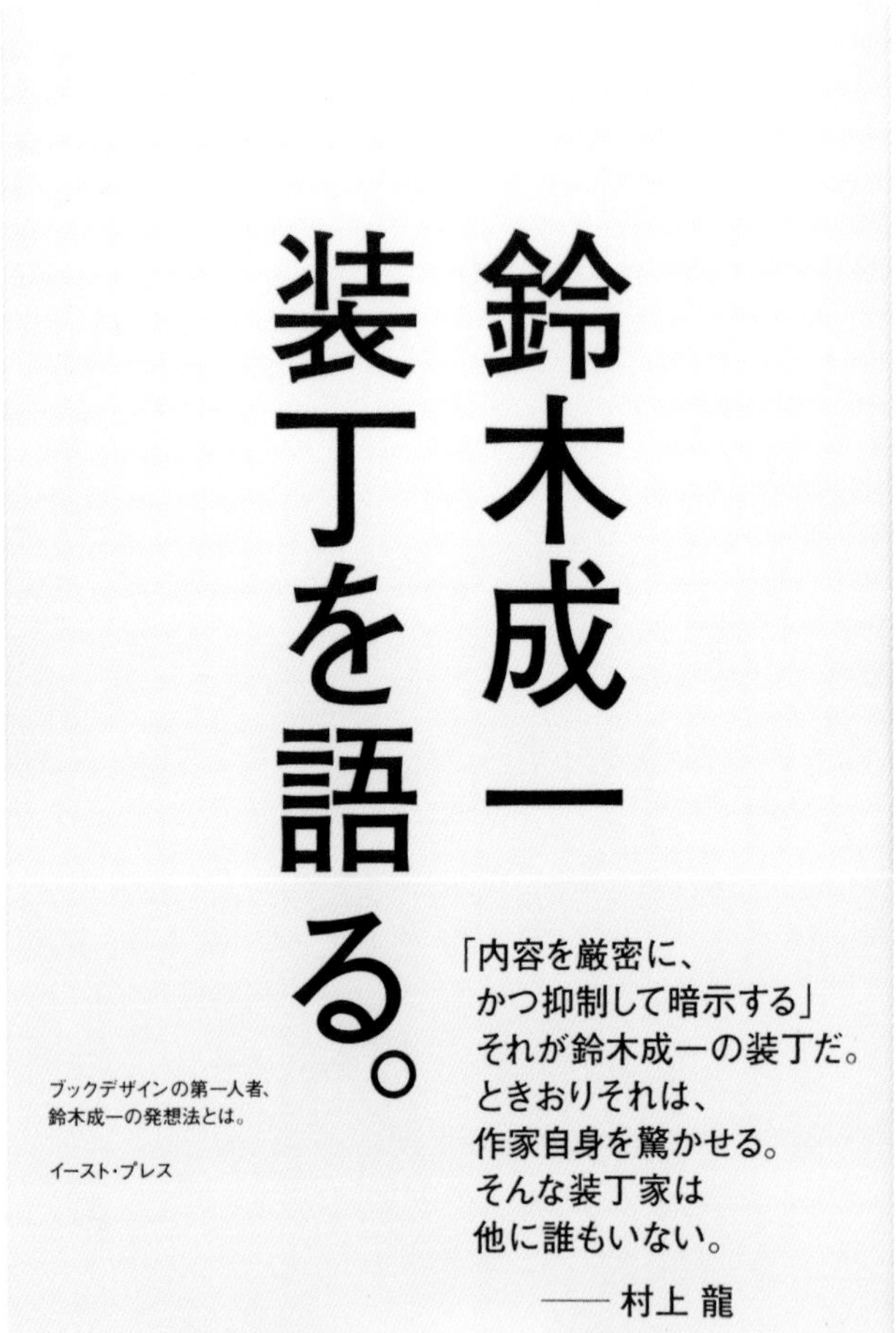

鈴木成一
『装丁を語る。』
イースト・プレス
2010.7／¥2000
著者自装

２００８年12月に首都大学東京で行なわれた講演録。１２０冊を厳選し、それぞれの本の個性を引き立てる「演出」方法を解説。

この装丁に関して言えば、「積極的に装丁しない」ということを積極的に行なった装丁ということになるのかな……（笑）。